JN113845

日本廃村百選

―ムラはどうなったのか

浅原昭生

まえがき

林　直樹

人が住まなくなった村を「廃村」という。みなさんもインターネットで一度「廃村」の画像を探してみてほしい。草ぼうぼうの道路、薄暗い廃屋といった「おどろおどろしい廃村」の写真が出てくるはずである。しかし、それは廃村のひとつの側面にすぎない。「元住民がていねいに維持管理している」、「管理は粗いが、家屋や田畑などがある」、「変貌しているが、神社や記念碑などが往時の面影を伝える」廃村がその多くを占めている。なかには「深い自然に覆われて、わずかな痕跡しか残らない」、「ダムや空港、工業用地などに使われている」廃村もある。

本書は、廃村の「素顔」をていねいに描いた調査の記録である。一抹のさみしさを否定するつもりはないが、そこにあるものは恐怖や不安のたぐいではない。「通い」で村を守ろうとする「元住民の温かみ」のようなものを感じるかもしれない。緑豊かな廃村の姿に「自然のたくましい回復力」を感じるかもしれない。

無住化（廃村化）は決してひと事ではない。山奥からふもとへ。みなさんのもとに少しずつ迫っている。余裕があれば「廃村は街の将来の姿を先取りしているだけかもしれない」という意識で読んでみてほしい。全く違うものが見えてくるはずである。

本書の前身ともいうべき『秋田・廃村の記録』の冒頭でも記したことであるが、本書の内容は、廃村に関する「学術的な公式発表」を覆すものとなっている。日本学術会議は『地球環境・人間生活にかかわる農業及び森林の多面的な機能の評価について（答申）』（平成13年11月）のなかで次のように述べている。

農地が一旦荒廃し、生産機能のみならず防災や景観形成機能などが失われた場合、これを復元することは容易ではなく、いわんや廃村後の土地荒廃は、「自然への回帰」などとはほど遠い現実がある。

もはやいわずもがなであるが、「いわんや」以降は誇張といわざるをえない。その存在は意識しないと見えてこないため、フィールドで廃村を見つけることは案外難しい。また、負の側面を持つことから、廃村に関する学術的な研究は非常に遅れている。本書には、廃村の正確な場所、無住になった時期、往時の戸数、土地や家屋などの状況が細かく記されている。

学術的にみれば、不十分なところもあるかもしれないが、現地で感じたことを漠然と書いた旅行記のたぐいとは全く異なることを強調しておきたい。本書の出版を機に廃村に関する学術的な研究が加速することを願っている。

日本廃村百選 ―ムラはどうなったのか　目次

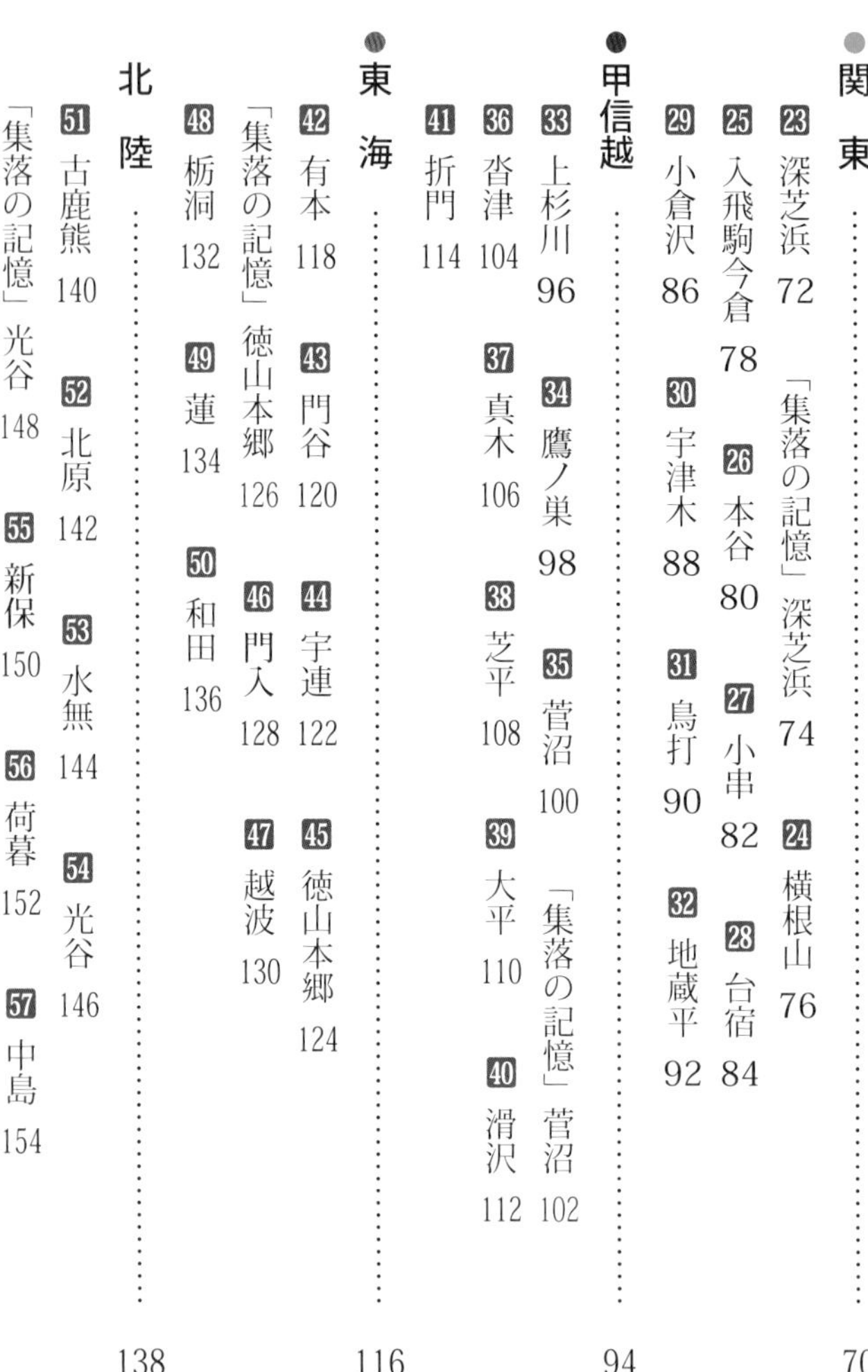

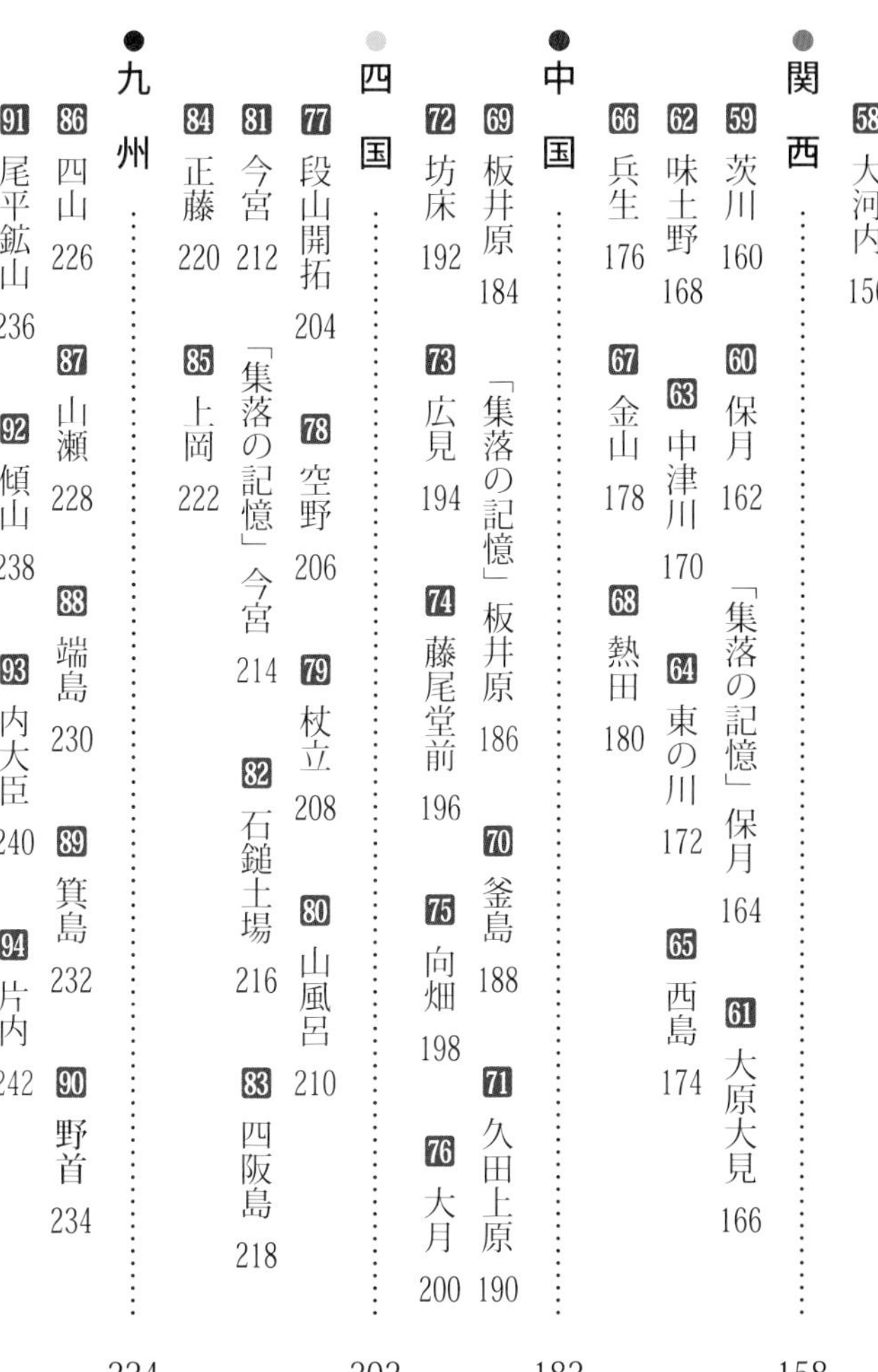

カバー写真（表）秋田県美郷町湯田
（裏）福島県棚倉町中ノ沢
カバーイラストレーション・鳥海　正美

「日本廃村百選」のあらまし

国土交通省、総務省の調査によると、平成26年までの5年間に190ヵ所の集落が消滅し、平成27年以後10年以内に消滅する可能性がある集落は570ヵ所あるという。人口減時代において、無住集落(廃村)は時代を先取りした場所と言える。

『秋田・消えた村の記録』の著者 佐藤晃之輔先生と出会い、本格的な廃村の調査を開始したのは平成11年10月のことだった。それから約20年、継続して全国各地の廃村に出かけ、旅の記録を重ねているうちに、たくさんの方々に出会い、新たに見えてくるものがあった。

平成17年5月から、複数の資料を組み合わせることにより独自に制作を開始し、更新を継続している「廃村千選」(全国の「学校跡を有する廃村」(以下「廃校廃村」と略す)千ヵ所、令和元年末現在1050ヵ所)は、廃村の調べものを継続する上での指針となった。なお、1050ヵ所の分布(図)は、地方ごとの地図ページに記している。

旅を継続することにより、平成25年8月、廃校廃村の全県踏破を達成した。そして、平成28年8月、廃校廃村の累計訪問数は500ヵ所を超えた。この頃から、「印象強く残った廃校廃村を再訪したい」と思う機会が多くなった。年月を経て、また季節を変えて繰り返し訪ねることによって、新たに見えてくるものがある。元住民の方々との縁があればなおさらだ。

平成30年4月、盟友 村影弥太郎さんから、千葉県と茨城県で相次いで「ここは廃校廃村に該当するのではないか」という報告を受け、各1ヵ所を追加することになった。これに「廃校廃村に準じる」と考えていた大阪府の例を加えると、「47都道府県すべてに廃校廃村が所在する」こととなった。このことを引き金にして、「日本廃村百選」というアイデアが浮上した。

「日本廃村百選」は、全国の廃校廃村1050ヵ所のうち、筆者が足を運んだ710ヵ所（令和元年末現在）の中から、印象強く残った百ヵ所をピックアップして、一読できるようにまとめたものである（番外を含まない）。選択にあたっては、次の点に留意した。

◎1　地方を11分割して、東日本（北海道、東北、関東、甲信越、東海）と西日本（北陸、関西、中国、四国、九州、沖縄）がともに50ヵ所ずつになるように選んだ。

◎2　47都道府県の中から1～4ヵ所、なるべく偏らないように選んだ。ただし、北海道は面積の大きさ、廃校廃村の数を鑑みて、4分割して10ヵ所選んだ。

◎3　廃校廃村を産業別に分類して、農山村（56ヵ所）、戦後開拓集落（10ヵ所）、離島集落（離島の農村＋離島の漁村、9ヵ所）、鉱山集落（8ヵ所）、営林集落（6ヵ所）、炭鉱集落（4ヵ所）、旅籠（はたご）町（2ヵ所）、漁村、農漁村、発電所集落、温泉集落、都市近郊（各1ヵ所）と、多種多様になるように選んだ。なお、産業別、テーマ別の県ごとの分布（表）は、「廃村千選一覧表」に記している。

◎4　テーマ別では、冬季分校所在地を4カ所、へき地5級地を12カ所、ダム建設関連集落を9カ所を取り上げた。

◎5　冬季無住集落（小島、越波）、1戸残る集落（泥湯、北原、片内、新島）、新住民の居住がある集落（真木、芝平、新保、味土野、山瀬）は取り上げているが、「廃村千選」には含まれる高度過疎集落（ごく少数戸が残る過疎集落）は取り上げていない。

◎6　百カ所中12カ所（地方ごとに1カ所、東北は2カ所）について、元住民の方々の声をうかがい、往時の写真をお借りして、「集落の記憶」という記事をまとめた。うち9カ所は、平成30年9月から令和元年10月まで（1年2カ月）の間に取材した。

◎7　訪問時期を明記し、再訪によりなるべく訪問時期が新しくなるように努めた。令和元年末を基準として、2年以内が41％、5年以内が58％、10年以内が87％、最前の訪問は平成18年（13年前、宇津木、鳥打）、最新は令和元年11月（中ノ沢）である。

筆者の前作、金沢大学准教授の林直樹さんとの共著『秋田・廃村の記録』は、国土交通省の助成を受けた研究の一環として作られた。このこともあり、人口統計、現況欄などに研究色が引き継がれているが、同時に読み物として平易な内容になるよう努めた。

「日本廃村百選」の留意点

一　「廃村」は「人が住まなくなった集落」（無住集落、無居住化集落）のことをいい、明確な境界線は引けないため、冬季無住集落、1戸が残る集落などを含んでいる。

二　村（ムラ）は集落（コミュニティ）を示すもので、行政村（自治体）ではない。また、1万人規模の炭鉱・鉱山集落も廃村の範疇に含まれる。

三　「日本廃村百選」は、筆者が独自に作成した「廃村千選」を基礎資料としている。

四　「日本廃村百選」「廃村千選」において、廃村の中から「廃校廃村」のみを選び出したのは、次の4つの理由による。

○　廃校廃村には、ある程度の大きさがあり、かつ独立性がある。

○　学校は、その規模、開校年・閉校年が比較的はっきりしており、全国的な実数をはっきりさせることができる。

○　現地を訪ねて、地域の方とお会いしたときには、コミュニケーションが必要不可欠である。このとき「学校跡を探して訪ねたのですが、どちらにあるのでしょうか？」という明確な目的が会話に含まれると、滑らかなコミュニケーションが可能となる。

○　筆者が強い魅力を感じた廃村の多くが「学校跡を有する廃村」だったという経験則。

五　集落名は、学校の所在が基準なので、必ずしも住居表示とは一致していない。また、入飛駒今倉（いりひこまいまぐら）、藤尾堂前（どうのまえ）、石鎚土場（いしづちどば）は、学校名と小集落名を組み合わせて集落名とした。

六　戸数は、「角川地名大辞典」「郵便区全図」「電信電話綜合地図」、各市町村史等から調べて、最盛期もしくはそれに近いものを記した。

七　移転年は、明確に「○年」とすることが難しい場合がある。このため、明確でない場合には、閉校年、現況、地域の方の声などから推測して「○年頃」と記した。

八　移転は、事由を記すことを原則とした。事由はわからないが、集団移転が行われたことがわかったものを「集団移転」、それ以外のものを「個別移転」とした。

九　学校のへき地等級は、「へき地教育振興法」により決められたもので、無級から5級までに分けられ、5級（へき地5級校）が最も不便な地にあることを表す。

十　現況の記述は、筆者が足を運ぶことで得た情報をもとにしている。このため、見落としがあることも考えられるが、その節はご容赦されたい。

十一　本文の記述全般は、訪問時期現在のものである。このため、その後の変化があることも考えられるが、その節はご容赦されたい。

十二　「廃村密度」は、決まった面積に所在する廃校廃村の数を数値化したものである。全国の廃村密度は2・8カ所／千㎢で、全国的に見て積雪地の密度が高い。

「廃村千選」一覧表（東日本）

	都道府県	計	廃村	高過	農山村	開拓	鉱山	営林	炭鉱	離島	その他	冬分	5級	ダム	百選
1	道央	92	78	14	33	13	10	4	24		8		9	11	4
48	道東	87	57	30	48	22	7	2	4	1	3		7	2	3
49	道北	88	69	19	56	14	1	1	10		6		14	9	2
50	道南	23	22	1	7	8	5			1	2		3		1
	北海道 計	290	226	64	144	57	23	7	38	2	19	0	33	22	10
2	青森	22	21	1	6	9	4	2			1	1	3	3	2
3	岩手	35	25	10	15	5	8	6			1	5	4	4	1
4	秋田	50	48	2	30	8	5	2	3		2	12	6	11	4
5	宮城	12	10	2	9	1	1	1					1	5	1
6	山形	77	73	4	54	10	8	3	2			32	2	9	2
7	福島	39	37	2	22	3	8	5			1	10	4	5	2
	東北 計	235	214	21	136	36	34	19	5	0	5	60	20	37	12
8	茨城	1	1	0							1				1
9	栃木	3	2	1	2	1								2	1
10	群馬	10	9	1	2		5	3					2	2	3
11	千葉	1	1	0	1										1
12	埼玉	1	1	0			1								1
13	東京	2	2	0						2			2		2
14	神奈川	2	2	0				2							1
	関東 計	20	18	2	5	1	6	5	0	2	1	0	4	4	10
15	新潟	84	75	9	71	8	3		1		1	47	2	4	3
16	長野	25	22	3	22	1			1		1	2	1	1	4
17	山梨	5	4	1	3	2									2
	甲信越 計	114	101	13	96	11	3	0	2	0	2	49	3	5	9
18	静岡	8	8	0	7			1							2
19	愛知	2	1	1	2									1	1
20	岐阜	40	39	1	33	5	2					3	2	15	4
21	三重	5	5	0	3	1					1			2	2
	東海 計	55	53	2	45	6	2	1	0	0	1	3	2	18	9

（注）　高過＝高度過疎集落を示す。離島＝離島の農村＋離島の漁村を示す。
その他＝本土の漁村（農漁村を含む）、発電所集落、旅籠町、温泉集落、都市近郊 を示す。

冬分＝冬季分校所在地、５級＝へき地５級地を示す。

ダム＝ダム建設関連 を示す。

令和３年５月更新

「廃村千選」一覧表（西日本）

	都道府県	計	廃村	高過	農山村	開拓	鉱山	営林	炭鉱	離島	その他	冬分	5級	ダム	百選
22	富山	42	34	8	40		2					16	3	2	3
23	石川	36	33	3	33	2					1	2		9	2
24	福井	37	32	5	34	2					1	1		12	3
北陸 計		115	99	16	107	4	2	0	0	0	2	19	3	23	8
25	滋賀	14	14	0	13		1					2	1	4	2
26	京都	5	5	0	5										2
27	奈良	6	6	0	5		1							3	2
28	大阪	1	1	0							1				1
29	和歌山	8	6	2	8									1	1
30	兵庫	8	8	0	8							3		1	2
関西 計		42	40	2	39	0	2	0	0	0	1	5	1	9	10
31	鳥取	4	4	0	4							1			1
32	岡山	5	3	2	2					3				2	2
33	島根	11	10	1	9	1				1			1		2
34	広島	6	6	0	3	3								1	1
35	山口	14	12	2	9			1		4			3	3	2
中国 計		40	35	5	27	4	0	1	0	8	0	1	4	6	8
36	香川	3	3	0		2				1					1
37	徳島	12	9	3	9	1		1			1				3
38	愛媛	23	20	3	13	1	5	1		2	1		3	3	3
39	高知	21	17	4	15	3	1	2					2	3	2
四国 計		59	49	10	37	7	6	4	0	3	2	0	5	6	9
40	福岡	5	3	2	4				1					2	1
41	佐賀	2	2	0	2									1	1
42	長崎	11	9	2		1			2	8			5		3
43	大分	5	3	2	2		1	2							2
44	熊本	13	11	2	5	2	1	4		1				1	1
45	宮崎	26	22	4	10			15			1		1	4	3
46	鹿児島	12	11	1	2	4		4		2			3		2
九州 計		74	61	13	24	7	2	26	3	11	1	0	9	8	13
47	沖縄	6	4	2		1				5			6		2
総　計		1050	900	150	661	134	80	62	48	31	34	137	90	138	100
日本廃村百選		100	100	0	56	10	8	6	4	9	7	4	12	9	

北海道

北海道の廃校廃村は 291 ヵ所で、「廃村千選」全国総数（1,050 ヵ所）の 27.7％にあたる。道央、道東、道北、道南の4つに分割すると、道央が 92 ヵ所で最も多い。

291 ヵ所の分布をみると、夕張（ゆうばり）市など空知（そらち）管内旧産炭地や、紋別（もんべつ）市近辺に集中があり、根室管内には所在がない。北海道の廃村密度は 3.7 ヵ所／千 km^2 である。

昭和 63 年、津軽海峡に青函トンネルが開通し、平成 28 年、北海道新幹線が道南・北斗（ほくと）市まで開業したが、自動車道はできていない。青森県以南と比べると植物の種類がやや少なく、マツ、フキ、イタドリが多い。スギはあまり見られない。また、集落跡が牧場になっていることがある。

廃校廃村を産業別にみると、戦後開拓集落 56 ヵ所（北海道全体の 19.2％）、炭鉱集落 38 ヵ所（同 13.1％）が目を引く。農山村は 145 ヵ所（同 49.9％）ある。また、ダム関係は 22 ヵ所（同 7.5％）で比較的少なく、駅所在地は 47 ヵ所で集中度が高い（全国では 49 ヵ所）。

人口増減率（S.50 － H.27 の 40 年間）をみると、道央の他は大きく減少しており、札幌都市圏への一極集中が進行している。国勢調査人口のピークは、平成 7 年（569 万人）である。

表 1　北海道の人口統計

地域名	人口［人］(H.27)	面　積［km^2］	人口密度［人／km^2］	増減率［%］(H.27/S.50)	廃村数
道央	3,370,077	22,145.8	152.2	16.7	92
道東	950,115	31,017.0	30.6	△ 14.0	88
道北	618,873	18,690.6	33.1	△ 19.7	88
道南	442,668	6,567.8	67.4	△ 23.0	23
北海道 計	5,381,733	78,421.2	68.6	0.8	291

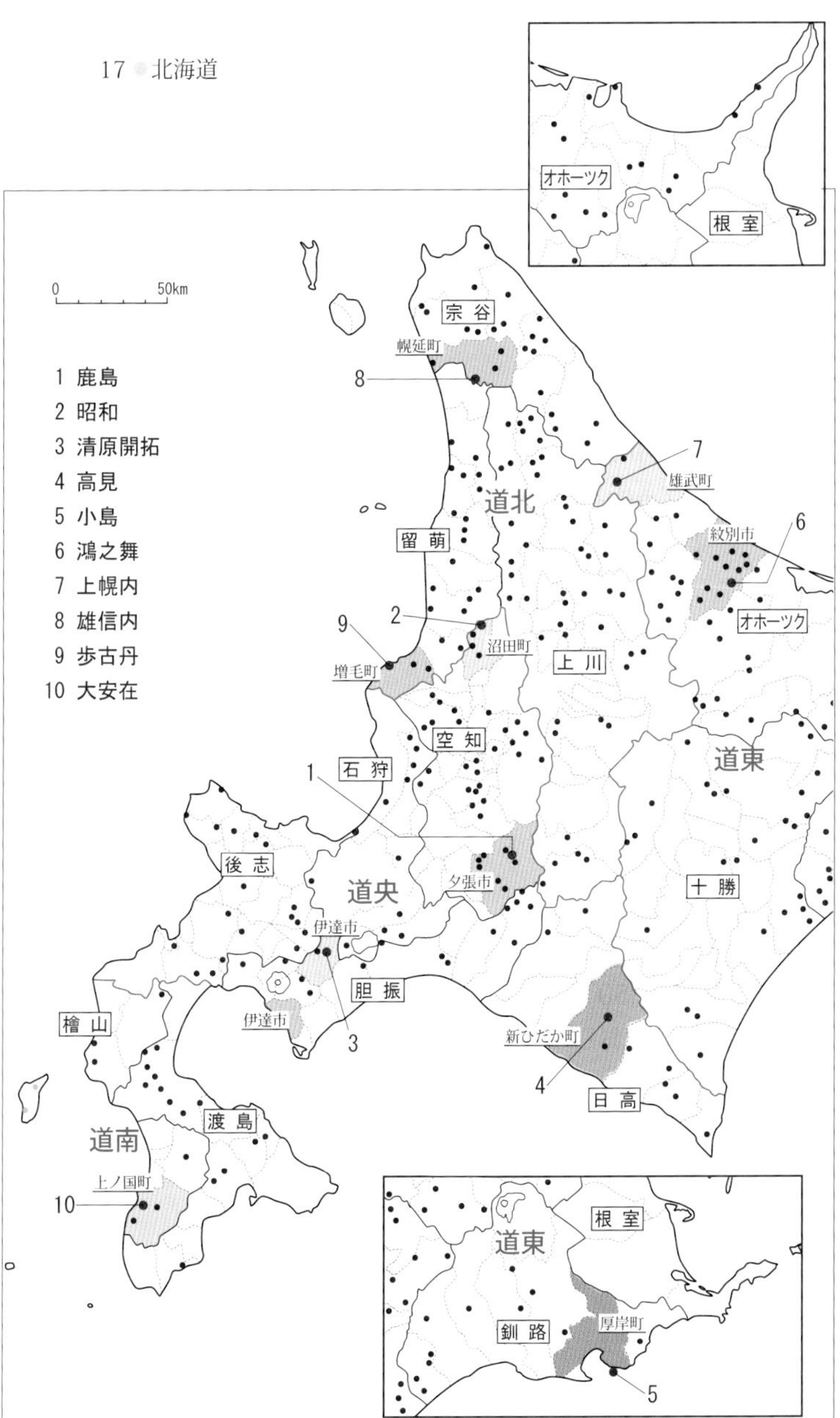

＊図中の点は、「廃村千選」のポイント（全1050ヵ所）を示す。うち、赤い点は『日本廃村百選』で取り上げたポイント（全100ヵ所）、桃色の点は番外（1ヵ所）、水色の点は離島のポイント（全36ヵ所、赤を加えると全46ヵ所）を示す。

1 鹿島（かしま）

北海道夕張市鹿島千年町ほか
戸　数　3738戸（昭和30）
移転年　平成10年（1998年）
ダム建設のため移転【炭鉱集落】

鹿島（かしま）は石狩川水系シューパロ川上流域にあり、東小学校跡の標高は266m、JR新夕張駅からは21㎞（クルマで40分）である。かつては三菱大夕張（おおゆうばり）炭鉱の炭鉱町として栄え、昭和48年の閉山後も存続した山間集落の289戸は、夕張シューパロダム（平成26年竣工）建設のため離村した。

初めての鹿島は、北海道ツーリングの道中に目指して立ち寄った。そこには暮らしがあったが、写真ひとつ撮らなかった。

2度目はダム完成の直前、千歳近郊在住の友人 多（おお）映介さんと出かけた。新国道沿い、鹿島小学校跡にクルマを停めて千年町に向かって旧国道を歩くと、往時から鹿島を見守る「キリ助」

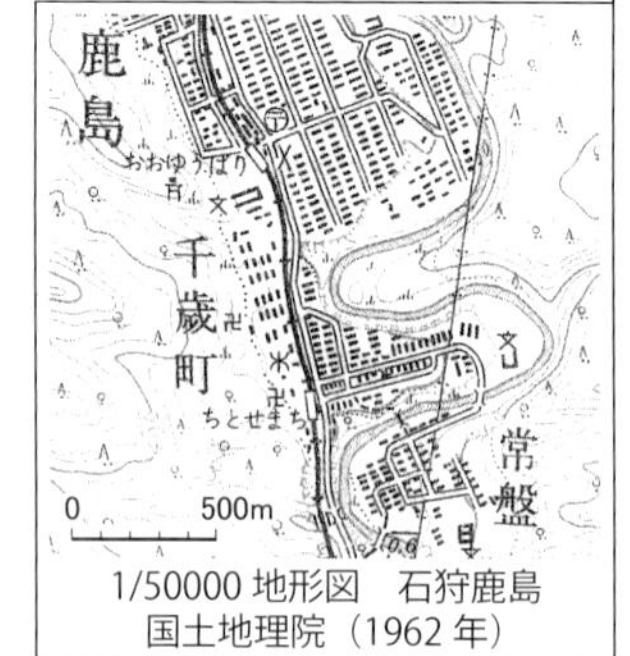

1/50000 地形図　石狩鹿島
国土地理院（1962年）

平成24年の現況＊

項目	現況
・記念碑	発見（大夕張の碑ほか）
・学校跡	発見（校庭、消火栓【東小】）
・神社	発見できず　＊現地形図に記載
・祠・地蔵等	発見できず
・寺・墓地等	発見できず　＊かつて寺あり
・家屋	発見できず
・道路状況	舗装
・電線	あり
・田畑	無し
＊交通手段	友人の自動車［２名］

＊現況の「家屋」欄の記述には、学校関係、神社関係、寺関係の建物を含まない。「学校跡」欄の記述には、碑の類を含まない。また、「電線」欄の記述には、高圧電線を含まない。

が迎えてくれた。鹿島東小学校は、へき地等級無級、児童数１３８３名（昭和34）、昭和26年開校、同53年閉校。学校跡では、とても広い平地の片隅には消火栓が残っていた。

３度目はダムが湖水を貯え始めた頃、妻、多さんと３名で出かけた。鹿島千年町のメインストリートは途中から湖水が浸り、東小学校跡に行くことはできなかった。

【平成元年８月20日（日）、平成24年５月３日（木祝）、平成26年５月25日（日）訪問】

鹿島を見守るキリ助（平成24年）

東小学校跡・広い平地の隅に残る消火栓

湖水に行く手を阻まれる（平成26年）

2 昭和（しょうわ）

北海道雨竜郡沼田町昭和
戸　数　７０７戸（昭和33・9）
移転年　昭和44年（１９６９年）
炭鉱閉山のため移転【炭鉱集落】
※単独行は勧めない

昭和（しょうわ）は石狩川水系幌新太刀別（ほろにたちべつ）川上流沿いにあり、学校跡の標高は１８７m、沼田町中心部からは24km（クルマ＋徒歩で1時間20分）である。かつては明治鉱業昭和炭鉱の炭鉱町として栄えたが、昭和44年の閉山とともにすべてが消滅した。

昭和の探索は、長い付合いの成瀬健太さん（札幌在住）、友人田中基博さん（旭川在住）、竹田宗久さん（函館在住）の４人組、道道からの分岐、ゲート前にクルマを停めて、その先は留萌（るもい）鉄道跡のダートを歩いた。昭和小学校は、へき地等級無級、児童数７１０名（昭和34）、昭和5年開校、同44年閉校。裏の山神社跡から見下ろすと、その規模の大きさが実感できた。

平成30年の現況

・記念碑	発見できず ＊記念館あり
・学校跡	発見（平地、基礎）
・神社	発見（山神社跡）
・祠・地蔵等	発見できず
・寺・墓地等	発見できず（かつて寺あり）
・家屋	発見（十数棟の炭住跡）
・道路状況	未舗装
・電線	無し
・田畑	無し
＊交通手段	友人の自動車＋徒歩［４名］

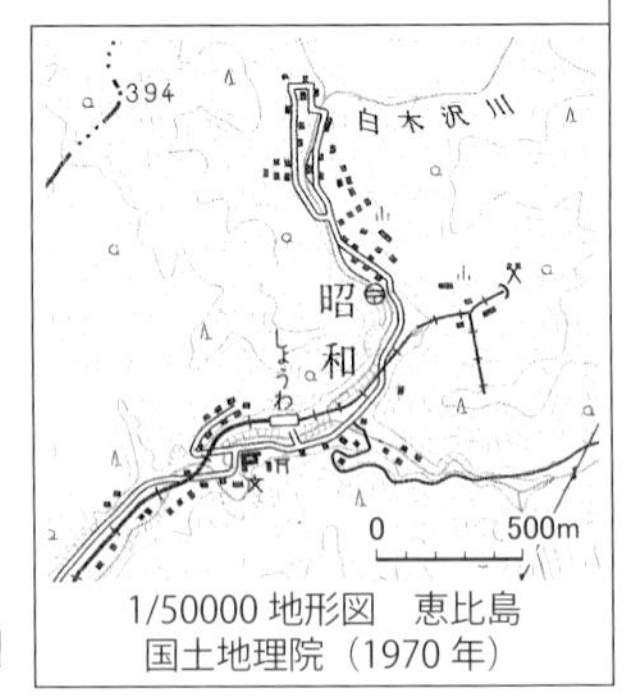

1/50000 地形図　恵比島
国土地理院（1970 年）

昭和ならではの遺構　隧道マーケット跡は、川の流れの向こうにある。トンネルの中へ入っていくと、菓子店、鮮魚店、呉服店などの跡がはっきりとわかった。その先には、鉄筋ブロック造二階建ての炭住跡が全部で10棟ほどしっかりと残っていた。さらに先へと進むと、ポツリと1棟残る炭住跡があって、その奥には水が入ったプールの跡が残っていた。

【平成30年5月19日（土）訪問】

神社跡から学校跡校舎の基礎を見る

隧道マーケット跡・呉服店の看板

鉄筋ブロック造二階建て炭住跡が残る

3 清原開拓（きよはらかいたく）

北海道伊達市大滝区清陵町
戸　数　15戸（昭和45）
移転年　昭和45年（1970年）
個別移転【戦後開拓集落】

清原開拓（きよはらかいたく）は日本海に注ぐ尻別（しりべつ）川源流部の高原面にあり、学校跡の標高は585m、伊達（だて）市中心部からは43㎞（クルマで1時間10分）である。戦後、食糧の増産、引揚者の受入れなどを目的に、国策で全国各地に開拓集落が作られた。しかし開拓地には、農耕に適さない寒冷地や荒地も多く含まれていた。

清原開拓を訪ねるにあたっては、事前に管理者の「神内（じんない）ファーム21」に文書で見学申請をした。牧場入口脇には「防疫のため関係者以外立入禁止」という注意書きがあった。やがて事務所と思われる家屋が見えて、さらに進むと、ひと目でそれとわかる学校跡にたどり着いた。清陵（せいりょう）小学校は、へき地等級3級、

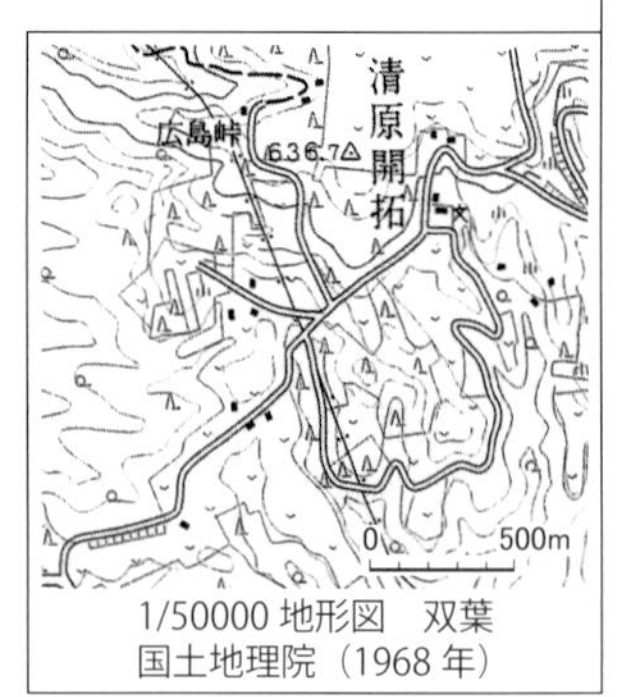

1/50000 地形図　双葉
国土地理院（1968年）

平成30年の現況

・記念碑	発見できず
・学校跡	発見（門柱、ガレキ）
・神社	発見できず
・祠・地蔵等	発見できず
・寺・墓地等	発見できず
・家屋	発見（放牧場の施設）
・道路状況	未舗装
・電線	あり
・田畑	無し
＊交通手段	レンタカー［単独］

児童数35名（昭和36）、清原小学校開拓冬季分校として昭和34年開校、同45年閉校。入口には片側の門柱が残っており、草をかき分けて進むと、長方形のガレキが見つかった。牧場に残った校舎は、少しずつ朽ちていったのであろう。背後に並んだマツは、防風林が育ったものなのだろう。許可を得ているとはいえ、私有地内の探索は緊張感が漂うものだった。

【平成30年6月11日（月）訪問】

牧場の中、小さくウシの姿が見える

学校跡入口・片側の門柱が残る

校舎のガレキと背の高いマツ

4 高見（たかみ）

北海道日高郡新ひだか町静内高見
戸　数　31戸（昭和35・6）
移転年　昭和40年（1965年）
集団移転【戦後開拓集落】
※単独行は勧めない

高見（たかみ）は静内（しずない）川水系メナシベツ川沿いにあり、学校跡の標高は216ｍ、ＪＲ静内駅からは40㎞、日高三石（ひだかみついし）駅から美河（みかわ）林道経由だと53㎞もあり、「北海道でいちばん到達が難しい廃校廃村」と言われる。集落の移転後、高見ダム（昭和58年竣工）が建設され、集落跡の大半はダム湖（高見湖）に水没している。

高見の探索は、成瀬さん、田中さん、竹田さんの４人組で出かけた。訪ねるにあたっては、事前に日高南部森林管理署に入林承認申請書を提出し、美河林道、高見林道、高見橋を経由するルートを選んだ。山の深さに加えてヒグマ出没の危険もあるので、現地到達にこだわらない中間目標を定めた。

1/50000 地形図　農屋
国土地理院（1959年）

平成29年の現況

・記念碑	発見できず	＊離村記念碑あり
・学校跡	発見できず	＊跡地は湖北岸
・神社	発見できず	
・祠・地蔵等	発見できず	
・寺・墓地等	発見できず	
・家屋	発見できず	
・道路状況	未舗装	
・電線	無し	
・田畑	無し	
＊交通手段	友人の自動車［４名］	

美河林道の峠を越えると高見湖が見えた。しかし高見湖南岸を進んでいると、高見橋２㎞手前で平成28年９月の台風被害の関係らしい大規模崩落が行く手を阻んだ。高見小学校は、へき地等級５級、児童数35名（昭和34）、昭和23年開校、同40年閉校。郵便区全図を見ると、６戸は川向（たどり着いた場所）にある。学校跡は、対岸から眺めることでよしとした。

【平成29年５月28日（日）訪問】

美河林道から見た高見湖

高見湖南岸・大規模崩落に出くわす

高見湖畔・学校跡の対岸まで到達する

5 小島（こじま）

北海道厚岸郡厚岸町小島
戸　数　15戸（昭和45）
移転年　昭和55年（1980年）頃
冬季無住【離島（漁村）】

小島（こじま）は厚岸湾（あっけし）の東側、大黒島（だいこく）（無人島）と並ぶ離島で、面積は0・05平方㎞、周囲0・8㎞、海抜27ｍ、標高3ｍ（学校跡）。最寄りの本土ピリカオタからの距離は1㎞、漁船の行き来がある床潭（とこたん）からの距離は3㎞、大黒島までの距離は1・5㎞である。人口の規模は6戸13名（平成28）、生業はコンブ漁で、冬季（12月から翌年3月まで）は無住となっている。

小島にはコンブ漁が始まる前、漁船をチャーターして出かけた。床潭港集合のメンバーは北海道新聞の記者を含め総勢8名となった。漁船で3㎞の海路を10分ほど、小島に着いて驚いたのは、学校跡の校舎がそのまま残っていることだった。

平成28年の現況

- 記念碑　発見（大正天皇即位記念碑）
- 学校跡　発見（校舎）
- 神社　発見（厳島神社）
- 祠・地蔵等　発見できず
- 寺・墓地等　発見できず
- 家屋　発見（複数の家屋）
- 道路状況　未舗装（クルマは入れない）
- 電線　あり
- 田畑　あり（ガラスケースの家庭菜園）
- ＊交通手段　チャーター船［８名］

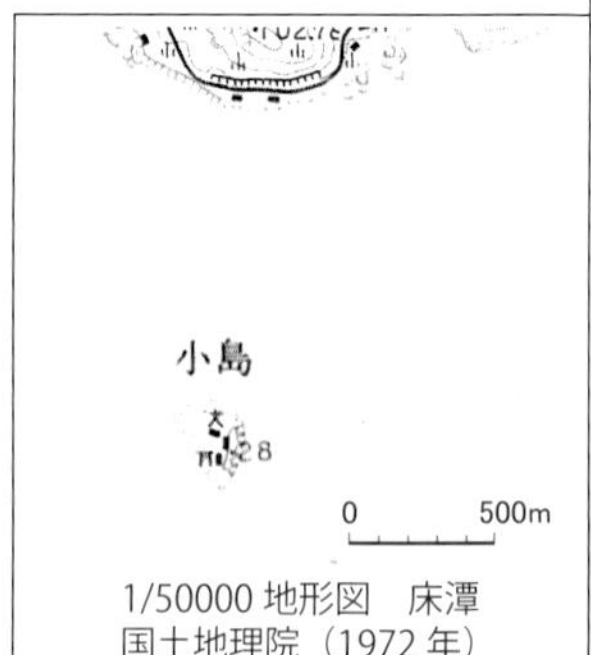

1/50000 地形図　床潭
国土地理院（1972年）

小島小学校は、へき地等級5級、児童数20名（昭和34）、明治37年開校、昭和50年閉校、最終年度（昭和49）の児童数は4名。頑丈そうな鉄筋ブロック造りの校舎は昭和39年に建てられたもので、今も公民館として活用されている。探索は約2時間、各自のペースで神社、展望台兼避難所、家屋が並ぶ集落、コンブが干される砂利浜などをめぐり歩いた。

【平成28年5月29日（日）訪問】

学校跡校舎は、島の南側に建っている

島の守り神 厳島神社

展望台から見た小島集落と北海道本土

集落の記憶　北海道厚岸町小島

◆漁師として元気な限り、私は小島の住民

小島はその名の通りとても小さな島だが、本土と大黒島に挟まれた島の周囲の海はコンブの生育に適している。

コンブ漁は棹前（成熟前）が6月上旬の3日間、本漁が7月5日から10月15日まで行っており、その準備、後始末のため、4月から11月まで小島の家で生活を送る。

通年暮らした頃はランプの暮らしが長かった。電気と電話が開通したのは昭和38年のことである。島の暮らしでたいへんだったのは水の確保だった。昭和47年に床潭からの海底水道が通じるまでは、各家で二斗樽を使って本土から水を調達し、水槽に汲み置きしていた。風呂には井戸水を使ったが、塩が混ざっていたので入ると肌がピリピリしたものだった。

今も残る島南側のブロック造の校舎は昭和39年に建ったもので、その前の番屋を改造した校

久保田　勲さん

昭和８年、厚岸町小島生まれ、小島育ちの漁師。冬季は厚岸市街在住。ご子息は小島小学校最後の卒業生。

舎は島中央部にあった。狭い島なので、冬は運動場でスケートをするなどの工夫を施した。

昭和50年、学校は入学児童がいなくなることから70年の歴史を閉じた。この頃から厚岸市街に家を建てる者が増えて、昭和55年頃には皆が冬季は厚岸に住むようになった。しかし、厚岸の家はいわば別荘であり、漁師として元気な限り、私の小島の住民である。

【平成28年5月28日（日）取材】

ピリカオタ（本土）から見た小島（左の島）

最終年度の小島小中学校（昭和50年）＊

漁期の砂利浜はコンブ干場になる＊

＊『70年のあゆみ』（厚岸町小島小中学校）より転載

6 鴻之舞（こうのまい）

北海道紋別市鴻之舞元町ほか
戸　数　1 3 3 戸（昭和35）
移転年　昭和48年（1 9 7 3 年）
鉱山閉山のため移転【鉱山集落】

鴻之舞はオホーツク海に注ぐ藻鼈川上流域にあり、小学校跡の標高は158m、紋別市街からは28㎞（クルマで55分）である。住友鴻之舞金山は大正6年に開山、全盛期は「東洋一の金山」と謳われたが、資源の枯渇から昭和48年に閉山し、鉱山町はゴーストタウンとなった。

鴻之舞は平成元年8月、北海道ツーリングのときに単独で訪ねて探索しているのだが、写真ひとつ撮らずだった。

30年ぶりの再訪は、積雪期、成瀬さん、田中さんの3人組で果たした。元町でクルマを停めて、青空の下、「銀色の道」鴻紋軌道記念碑、寺跡に建つ慰霊碑、開山百年記念碑を見て歩いた。

平成31年の現況

- 記念碑　発見（慰霊碑、百年碑ほか）
- 学校跡　発見（校舎の一部）
- 神社　発見（大山祇神社）
- 祠・地蔵等　発見できず
- 寺・墓地等　発見（鴻恩寺跡地）
- 家屋　発見（複数の鉱員住宅跡）
- 道路状況　舗装
- 電線　あり
- 田畑　無し

* 交通手段　友人の自動車［2月、3名］

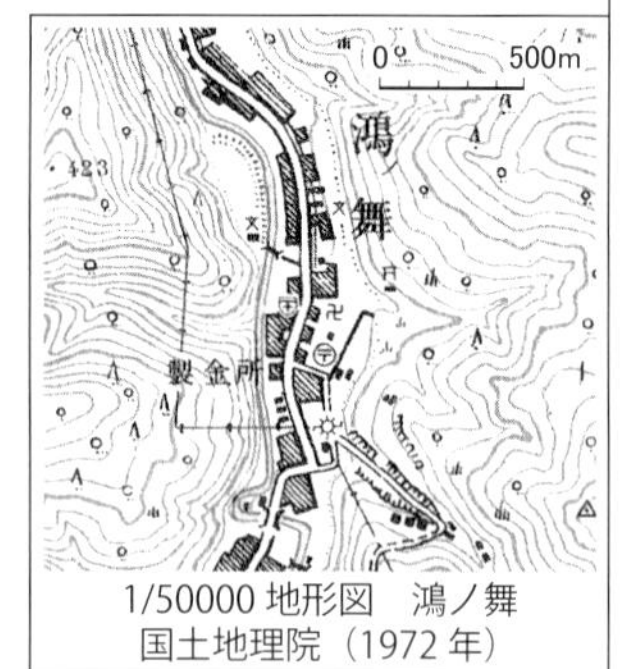

1/50000 地形図　鴻ノ舞
国土地理院（1972 年）

鴻之舞小学校は、へき地等級1級、児童数1171名（昭和34）、大正7年開校、昭和48年閉校。道道沿いには小学校・中学校それぞれに「学舎の里」の碑が建っており、小学校跡碑の奥には、校舎の煙突と壁の一部、二宮金次郎像の台座が残っていた。学校跡と神社の間に建つ「元町跡紋別鴻友会」の案内板は、30年前に見たものと同じ形だった。

【平成元年8月12日（土）、平成31年2月10日（日）、令和元年5月26日（日）訪問】

寺跡に建つ「鴻之舞鉱山慰霊碑」

小学校跡碑の奥、校舎の煙突と壁が残る

なつかしさを感じた「元町跡」の案内板

7

上幌内（かみほろない）

北海道紋別郡雄武町上幌内
戸　数　１１４戸（昭和29・7）
移転年　平成20年（２００８年）
個別移転【農山村】

上幌内（かみほろない）はオホーツク海に注ぐ幌内川上流沿いにあり、学校跡の標高は１４８ｍ、雄武（おうむ）町中心部からは25㎞（クルマで50分）である。農山村の廃村としては、その規模は大きい。

初めての上幌内には、わずかな住民（6戸13名）がいる頃にレンタカーで成瀬健太さんとともに出かけた。上幌内小学校は、へき地等級4級、児童数１２１名（昭和34）、大正元年開校、平成2年閉校。門柱のそばには「開魂」と記された開拓記念碑が残っていた。上幌内郵便局跡（平成10年閉局）には現役のポストがあり、建物は今も使われている様子だった。約1時間の探索の間、誰かに出会うことはなかった。

1/50000 地形図　仁宇布、雄武
国土地理院（1973 年）

令和元年の現況

- 記念碑　発見（開拓記念碑）
- 学校跡　発見（門柱、平地）
- 神社　発見（上幌内神社）
- 祠・地蔵等　発見できず
- 寺・墓地等　発見できず
- 家屋　発見（郵便局跡、複数の家屋）
- 道路状況　舗装
- 電線　あり
- 田畑　あり（大規模農地）

＊ 交通手段　友人の自動車［２名］

2度目は12年後、田中基博さんとともに出かけた。廃村となった上幌内、郵便局跡の建物はそのままだったが、ポストはなくなっていた。地形図を頼りに神社を探すと、やや傷んだ大きな社殿が迎えてくれた。中幌内へ向かう道道沿いでは大規模な農地が造成されており、印象的だった赤いサイロがある農家の廃屋は気配も感じられなくなっていた。

【平成19年9月17日（月祝）、令和元年5月27日（月）訪問】

サイロがある農家の廃屋（平成19年）

上幌内郵便局跡の建物

上幌内神社の大きな社殿（令和元年）

8 雄信内（おのっぷない）

北海道天塩郡幌延町雄興雄信内
戸　数　46戸（昭和29・8）
移転年　平成5年（1993年）頃
個別移転【農山村】

雄信内は天塩川中流沿いにあり、学校跡の標高は16m、地内にはJR雄信内駅がある（駅―学校跡は徒歩で5分）。宗谷本線幌延駅から16㎞（普通気動車で18分）、天塩中川駅から22㎞（同23分）。駅開業（大正14年）の後に形成された市街地は、天塩川南側の雄信内に対して新雄信内とも呼ばれた。

JR宗谷本線名寄駅から一日3便の普通気動車に乗って2時間20分、雄信内駅で下車したのは2名。もう一人は地域の方で、素早く送迎のクルマに乗られた。何もない駅前通りを右に曲がると商店跡の建物があったが、その前には雪の壁ができていた。

雄信内小学校は、へき地等級1級、児童数61名（昭和34）、

1/50000 地形図　雄信内
国土地理院（1973 年）

平成31年の現況

- 記念碑　発見（閉校記念碑）
- 学校跡　発見（門柱、平地）
- 神社　発見できず　＊現地形図に記載
- 祠・地蔵等　発見できず
- 寺・墓地等　発見できず
- 家屋　発見（駅、集会所、商店跡ほか）
- 道路状況　舗装
- 電線　あり
- 田畑　見られず　＊牧草地あり

＊ 交通手段　鉄道［単独］

昭和12年開校、同57年閉校。学校跡には集会所と閉校記念碑が建っていた。集会所は閉まっていたが、扉まで除雪されており、雪には足跡があった。2時間弱の探索の間、出会ったのは駅舎を詰め所とする保線業務の方2名と、クルマで来られた観光の方1名だけだった。晴れていて風がなかったため、寒さ（約マイナス10℃）がつらいことはなかった。

【平成31年2月9日（土）訪問】

JR 宗谷本線 雄信内駅の木造駅舎

駅前通りに残る商店跡の建物

学校跡に建つ集会所と閉校記念碑

9 歩古丹（あゆみこたん）

北海道増毛郡増毛町岩尾歩古丹
戸　数　18戸（昭和27・9）
移転年　昭和46年（1971年）
個別移転【漁村】

歩古丹（あゆみこたん）は日本海・雄冬（おふゆ）海岸沿いにあり、学校跡の標高は15m、増毛（ましけ）町中心部からは11km（クルマで23分）である。かつてニシン漁で栄えた頃は、陸路よりも海路が一般的で、雄冬に国道が開通したのは昭和56年のことだった。

歩古丹の探索は、友人の田中基博さんとともに出かけた。クルマを停めて、国道の橋から浜を見たが、学校跡校舎は見当たらない。沢を頼りに下ると、10分ほどで海岸に到着した。海岸では丸い岩を積んだ石垣が見つかった。そばには木製の電柱が建っていた。一度国道に戻る途中、レンガ造りの構造物を見つけた。後にそれは硫黄鉱山開発に係わるものとわかった。

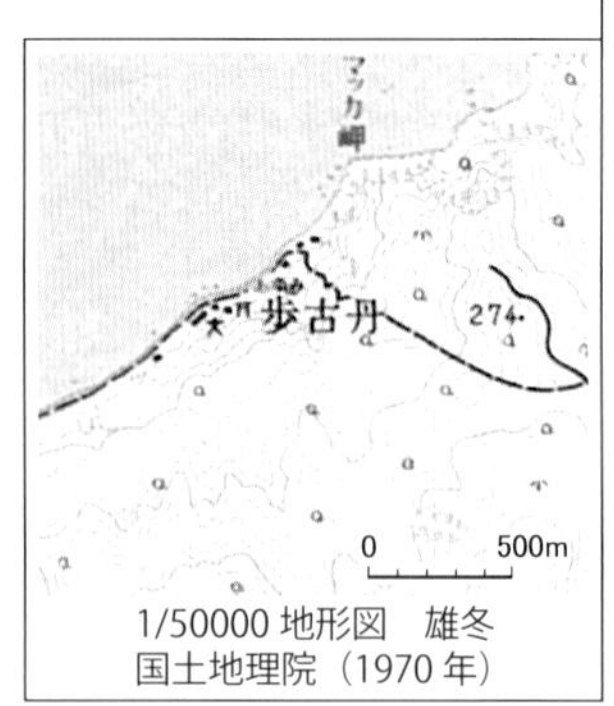

1/50000 地形図　雄冬
国土地理院（1970年）

平成27年の現況

・記念碑	発見できず
・学校跡	発見（校舎）
・神社	発見できず
・祠・地蔵等	発見できず
・寺・墓地等	発見できず
・家屋	発見できず
・道路状況	舗装
・電線	あり
・田畑	無し
＊交通手段	友人の自動車［2名］

歩古丹小学校は、へき地等級5級、児童数10名（昭和34）、明治25年開校、昭和40年移転、昭和46年閉校。探索開始から約2時間、何とか見つけた校舎は想定よりも雄冬寄りにあった。閉校から44年経過して、教室の黒板はめくれ上がり、天井は半ば青空になり、床はガレキだらけになっていた。荒れた光景の中、廊下側の窓から夕陽は、強く記憶に刻まれた。

【平成27年5月29日（金）訪問】

レンガ造りの構造物を見つける

学校跡は海のすぐそばにある

学校跡から国道の橋を見上げる

10 大安在（おおあんざい）

北海道檜山郡上ノ国町字大安在
戸　数　8戸（昭和36）
移転年　昭和41年（1966年）
集団移転【戦後開拓集落】

大安在（おおあんざい）は日本海に注ぐ大安在川上流部の高原面にあり、分校跡の標高は396m、上ノ国（かみのくに）町中心部からは13㎞（クルマ＋徒歩で50分）である。戦後開拓は昭和36年に始まり、同41年にピリオドを打った。正味5年弱の短期間の集落だった。

大安在の探索は、成瀬さん、田中さん、竹田さんの4人組で出かけた。霧の中、林道が二又になったので、クルマを停めて歩いて右側の道をたどる。道には多数のヒグマのふんが落ちていた。一度戻って左側の道もクルマを走らせ確認したところ、何台かのクルマを見かけた。出会った方にお話をうかがうと、「フキとネマガリダケを採っている」とのことだった。

平成27年の現況

- 記念碑　発見できず
- 学校跡　発見（関連の建物、基礎）
- 神社　発見できず
- 祠・地蔵等　発見できず
- 寺・墓地等　発見できず
- 家屋　発見できず
- 道路状況　未舗装
- 電線　無し
- 田畑　無し
- ＊交通手段　友人の自動車＋徒歩［4名］

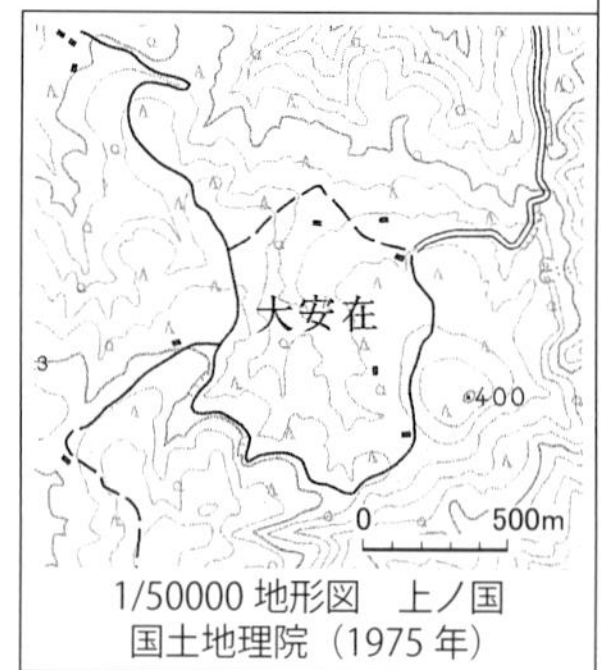

1/50000 地形図　上ノ国
国土地理院（1975 年）

河北小学校大安在分校は、へき地等級4級、児童数18名（昭和39）、昭和38年12月開校、同41年3月閉校。再度右側の道をたどり、ピンと来た場所の笹藪を切り拓くと、フキとイタドリのみが四角に生える不自然な空間、つまり分校跡の平地が見つかった。分校跡では、関連するブロック造の建物跡、校舎の基礎、綺麗な便器の乗っかった便槽が確認できた。

【平成27年5月31日（日）訪問】

霧に包まれた開拓集落跡へと続く道

分校跡ではブロック造の建物跡が確認できた

綺麗な便器と便槽も確認できた

東 北

東北の廃校廃村は 234 ヵ所で、「廃村千選」全国総数（1,050 ヵ所）の 22.3%にあたる。6 県の中では山形県が 77 ヵ所でいちばん多く、秋田県が 50 ヵ所でこれに次ぐ。

234 ヵ所の分布をみると、山形県村山、置賜（おきたま）地方が最も集中している。東北の廃村密度は 3.5 ヵ所 / 千 km²である。

日本海側の秋田県、山形県、福島県会津は積雪が多く、かつては多くの冬季分校があった。これらの県・地域では冬季分校に係わる廃村も多い。

廃校廃村を産業別にみると、戦後開拓集落 35 ヵ所（東北総数の 15.0%）、鉱山集落 34 ヵ所（同 14.5%）が目を引く。農山村は 137 ヵ所(同 58.5%)ある。また、ダム関係は 37 ヵ所(同 15.8%）である。

人口増減率（S.50 － H.27 の 40 年間）をみると、宮城県を除く 5 県は減少している（全国では 18 県が減少)。特に秋田県の減少率は県別で最も高い。国勢調査人口のピークは、青森県が昭和 60 年、福島県が平成 7 年、宮城県が平成 12 年、岩手県、秋田県、山形県は高度経済成長期以前である。

表 2　東北の人口統計

県名	人口［人］(H.27)	面 積［km²］	人口密度［人／km²］	増減率［%］(H.27/S.50)	廃村数
青森県	1,308,265	9,645.6	135.6	△ 10.9	21
岩手県	1,279,594	15,275.0	83.8	△ 7.6	35
秋田県	1,023,119	11,637.5	87.9	△ 17.0	50
宮城県	2,333,899	7,282.2	320.5	19.4	12
山形県	1,123,891	9,323.2	120.5	△ 7.9	77
福島県	1,914,039	13,783.7	138.9	△ 2.9	39
東北 計	8,982,807	66,947.2	134.2	△ 2.7	234

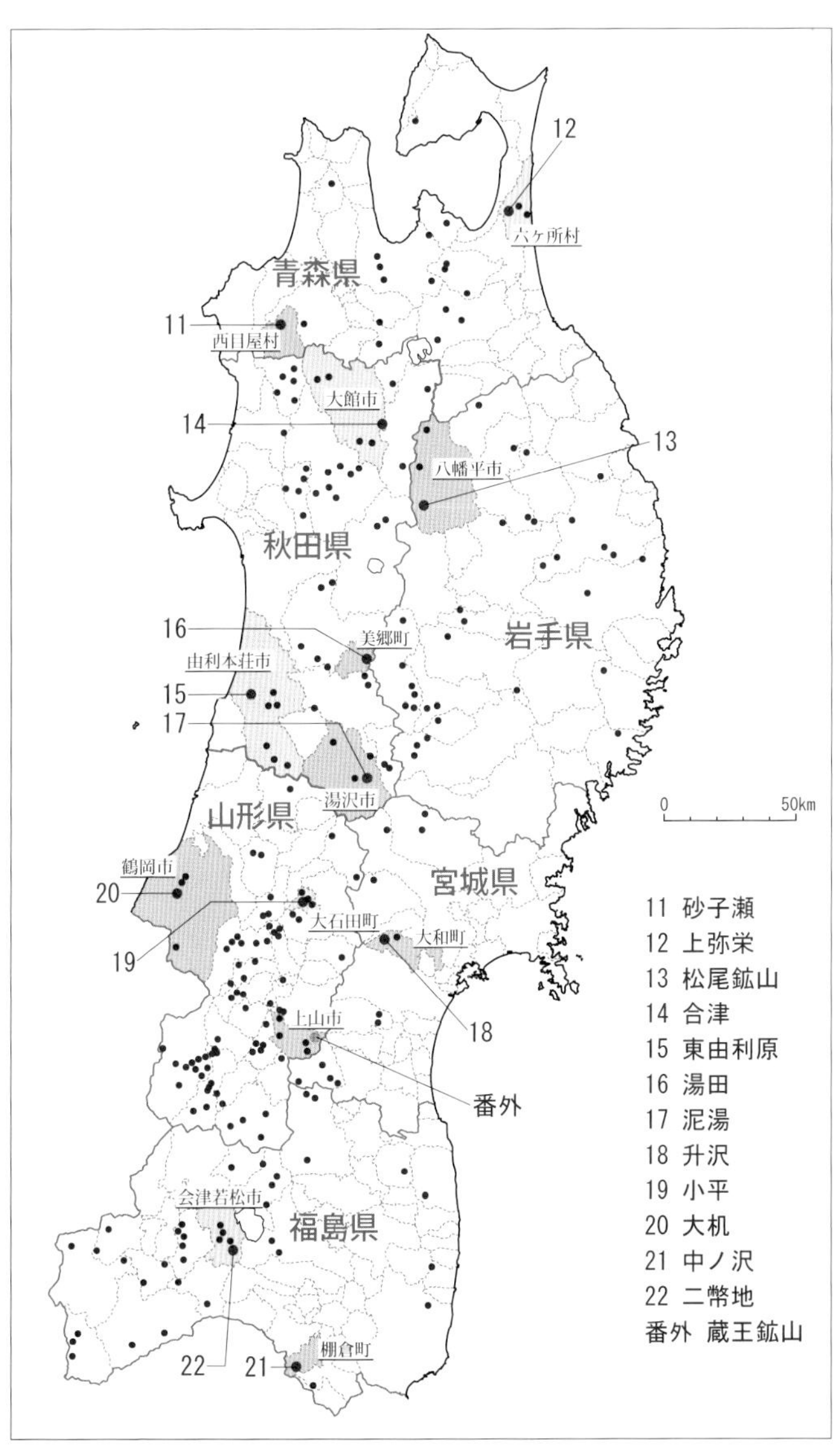

青森県
秋田県
岩手県
山形県
宮城県
福島県
六ヶ所村
西目屋村
大館市
八幡平市
美郷町
由利本荘市
湯沢市
鶴岡市
大石田町
大和町
上山市
会津若松市
棚倉町
0
50km
11 砂子瀬
12 上弥栄
13 松尾鉱山
14 合津
15 東由利原
16 湯田
17 泥湯
18 升沢
19 小平
20 大机
21 中ノ沢
22 二幣地
番外 蔵王鉱山

11 砂子瀬（すなこせ）

青森県中津軽郡西目屋村砂子瀬
戸　数　444戸（昭和42）
移転年　平成14年（2002年）
ダム建設のため移転
【鉱山関連集落】

砂子瀬（すなこせ）は岩木川上流（美山湖（みやま）、当時）沿いにあり、学校跡の標高は202m、西目屋村（にしめや）中心部から9㎞、JR弘前駅から27㎞（クルマで54分）である。目屋ダム（めや）（昭和34年竣工）建設による移転で作られた新砂子瀬集落は、津軽ダム（平成28年竣工）建設により再度の移転を余儀なくされた。

砂子瀬には、弘前に住む友人の相馬寛樹さんとともに出かけた。砂子瀬バス停そばには、目屋ダムに係わる「砂子瀬部落移転記念碑」が建っていた。枝道の先には尾太（おっぷ）鉱山跡がある。砂子瀬小学校は、へき地等級1級、児童数275名（昭和34）、明治8年開校、平成12年閉校。RC造二階建ての大きな校舎は

平成21年の現況

項目	現況
・記念碑	発見（移転記念碑）
・学校跡	発見（校舎、校庭）
・神社	発見できず ＊現地形図に記載
・祠・地蔵等	発見できず
・寺・墓地等	発見 ＊広泰寺（やや離れている）
・家屋	発見（複数の家屋）
・道路状況	舗装
・電線	あり
・田畑	無し
＊交通手段	友人の自動車［2名］

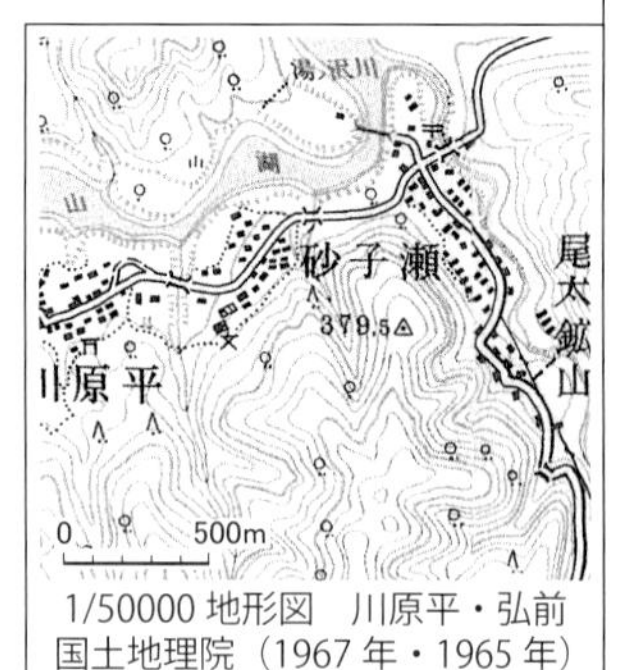

1/50000 地形図　川原平・弘前
国土地理院（1967年・1965年）

「砂川学習館」として転用されていた。中に入ると、民具や鉱石などを見ることができた。

学習館を出て、隣集落 川原平（かわらたい）バス停（バス終点）付近にクルマを停めて集落跡を探索すると、更地になった家の敷地には紫やピンクのルピナスの花が綺麗に咲いていた。往時の旅館の大きな建物も残っており、今はニジマスの養殖で使われているとのことだった。

【平成21年6月6日（土）訪問】

目屋ダムに係わる「砂子瀬部落移転記念碑」

「学習館」となっていた小学校跡校舎

川原平・家の敷地跡に咲くルピナスの花

12

上弥栄（かみいやさか）

青森県上北郡六ヶ所村尾駮字上弥栄
戸　数　90戸（昭和37・7）
移転年　昭和48年（1973年）
工業開発のため移転
【戦後開拓集落】

上弥栄（かみいやさか）は下北半島、尾駮（おぶち）沼と鷹架（たかほこ）沼に挟まれた丘陵にあり、学校跡の標高は58ｍ、六ヶ所村役場から10㎞、ＪＲ七戸十和田（しちのへとわだ）駅から38㎞（クルマで1時間15分）である。開拓集落は昭和22年、主に満州引揚者の入植により成立したが、昭和48年、国家プロジェクト むつ小川原（おがわら）開発によりその歴史を閉じた。

上弥栄には積雪期、単独レンタカーで出かけた。集落の跡地には石油備蓄タンクのほか、風力発電の風車や太陽光発電パネルも多数並んでいた。上弥栄小学校は、へき地等級2級、児童数109名（昭和34）、昭和24年開校、同50年閉校。小学校跡地と思われる場所は、太陽光発電パネルに覆われていた。

平成29年の現況

- ・記念碑　発見（開拓記念碑）
- ・学校跡　発見できず
- ・神社　発見できず
- ・祠・地蔵等　発見できず
- ・寺・墓地等　発見できず
- ・家屋　発見（石油備蓄基地関係）
- ・道路状況　舗装
- ・電線　あり
- ・田畑　無し
- ＊交通手段　レンタカー［単独］

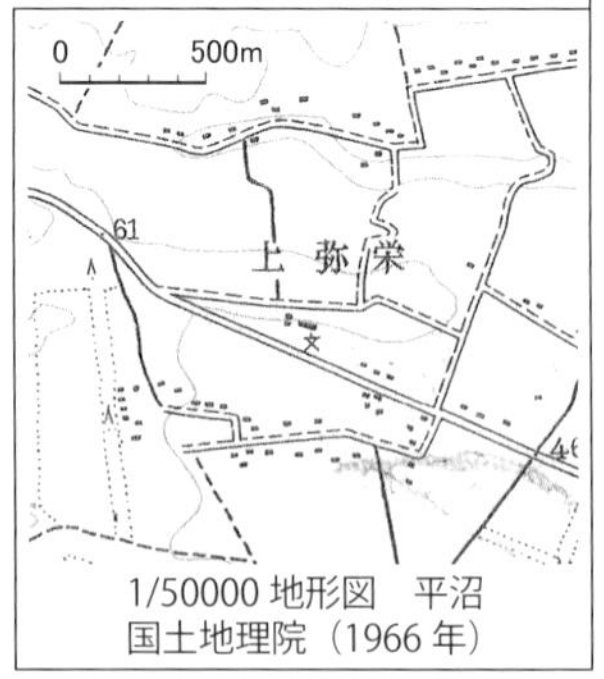

1/50000 地形図　平沼
国土地理院（1966年）

石油備蓄基地の西のはずれに碑が建っていたので、長靴に履き替えて見に行った。大きく「開拓」と刻まれたこの碑（昭和41年建立、昭和56年移設）は、入植20周年を記念して建てられたものだった。ノンフィクション『村が消えた むつ小川原 農民と国家』には、上弥栄に生きた人々が数多く実名で登場する。碑には登場人物の名前も多く刻まれていた。

【平成29年2月13日（月）訪問】

集落跡に石油備蓄基地のタンクが並ぶ

学校跡付近に並ぶ太陽光発電パネル

石油備蓄基地を背に開拓記念碑が建つ

13 松尾鉱山（まつおこうざん）

岩手県八幡平市緑ガ丘
人　口　9788名（昭和35）
移転年　昭和44年（1969年）
鉱山閉山のため移転【鉱山集落】

松尾（まつお）鉱山は北上川水系赤川の源流部、八幡平（はちまんたい）・茶臼岳の麓にあり、小学校跡の標高は895m、JR松尾八幡平駅から17㎞（クルマで35分）である。国内最大級の鉱山集落（鉱物は硫黄）として、昭和30年代をピークとして大いに栄えた。

松尾鉱山には、単独レンタスクーターで出かけた。八幡平アスピーテラインを走り、緑ガ丘バス停から枝道に入り、右手の丘にある11棟のRC造4階建て鉱員アパート群を探索した。続いて2本の高い煙突が印象的なボイラー棟を過ぎて、「生活学園」と記されたRC造3階建ての中学校跡校舎の建物を探索した。棟続きで大きな体育館も残されていた。

1/50000 地形図　八幡平
国土地理院（1975年）

平成21年の現況

- ・記念碑　発見（学習院公園碑）
- ・学校跡　発見（中学校跡校舎、平地）
- ・神社　発見（山神社）
- ・祠・地蔵等　発見
- ・寺・墓地等　発見できず
- ・家屋　発見（鉱員アパート跡等）
- ・道路状況　舗装
- ・電線　あり
- ・田畑　無し
- ＊交通手段　レンタスクーター［単独］

松尾鉱山小学校は、へき地等級無級、児童数１８９８名（昭和34）、大正６年開校、昭和45年閉校。学校跡地に足を運ぶと、「産業能率大学 学生村建設予定地」という古い看板が立っていた。アパート群より先の鉱水処理場では、鉱山跡から流れ出る強酸性の水を中和しているとのこと。そばには大きな鳥居の山神社があるので、遅ればせながらご挨拶した。

【平成21年8月1日（土）訪問】

鉱員アパート屋上から隣の棟を眺める

「生活学園」跡には学校の匂いがあった

山神社の本尊は祠になっていた

14 合津（かっつ）

秋田県大館市十二所字大西
戸　数　11戸（昭和45・6）
移転年　昭和52年（1977年）
個別移転【農山村】

合津（かっつ）は米代川（よねしろがわ）水系合津川沿いにあり、冬季分校跡の標高は155m、大館市街から17㎞、JR十二所駅から6㎞（徒歩で1時間30分）である。東北の「カッツ」は、「カッチ」とともに水源地、最奥を表す方言という。

初めての合津は、単独でバイクで訪ねた。『秋田・消えた村の記録』と農作業の方の声を頼りに、集落跡を探索した。

5度目は、研究調査の一環で林直樹さん（東京大学特任助教、当時）とともに訪ねた。合津橋の周囲には耕作放棄地が目立ち、訪ねるたびに生活感は薄くなっている。耕作放棄地の外れ、個人の社（やしろ）と思われる神社は、この時初めて見つけた。

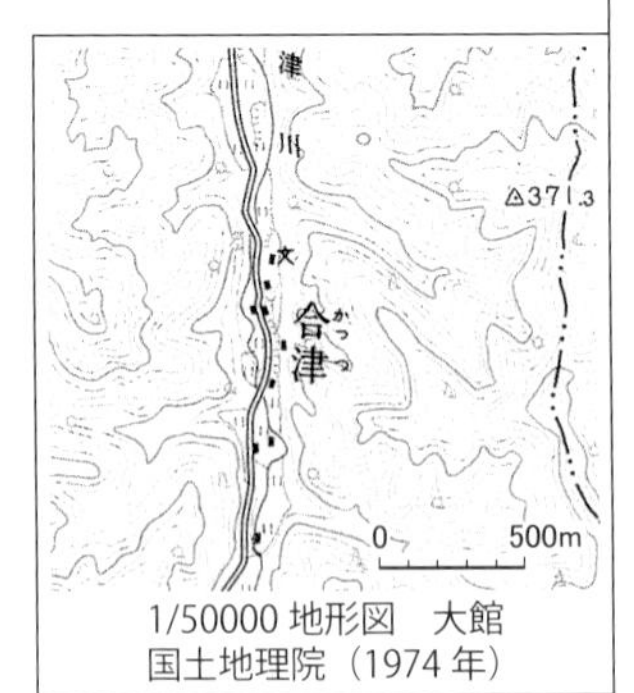

1/50000 地形図　大館
国土地理院（1974年）

平成27年の現況

- 記念碑　発見できず
- 学校跡　発見（大破した校舎）
- 神社　発見（小さな社）
- 祠・地蔵等　発見できず
- 墓地・墓石　発見できず
- 家屋　発見（複数の家屋）
- 道路状況　未舗装
- 電線　あり
- 田畑　あり（耕作田、畑）

* 交通手段　レンタカー［２名］

成章（せいしょう）小学校合津冬季分校は、へき地等級2級、児童数15名（昭和34）、昭和27年開校、同46年閉校。初訪のときは、あまりに小さい校舎に驚いたものだった。2度目（平成14年）、真冬に歩いて訪ねたときは、雪中の校舎に力強さを感じたものだった。初訪から16年経過し、校舎の半分は崩壊していた。残りの部分も長くは持たないことだろう。

【平成11年10月12日（火）、平成27年11月3日（火祝）ほか計5回訪問】

初訪問時の分校校舎跡（平成11年）

冬の分校校舎跡（平成14年）

大破した分校校舎跡（平成27年）

15 東由利原（ひがしゆりはら）

秋田県由利本荘市黒沢字東由利原
戸　数　10戸（昭和46・6）
移転年　昭和58年（1983年）
個別移転【戦後開拓集落】

東由利原（ひがしゆりはら）は子吉川（こよしがわ）と鮎川（あゆかわ）に挟まれた高原（由利原高原）にある。冬季分校跡の標高は282m、JR羽後本荘駅から18㎞（クルマで36分）である。『秋田・消えた開拓村の記録』には、「昭和31年に地元二・三男12戸が平均4ヘクタールの土地配分を受けて入植した」とある。

東由利原には、家族旅行の中で妻とともに訪ねた。「地理院地図」Webの地形図には十字路の北東側に鳥居マークがあり、この辺りが開拓集落の中心部だったが、探索しても神社の存在はわからなかった。十字路の南西側には「団体営農道　東由利原地区」と記された案内板が立っていた。

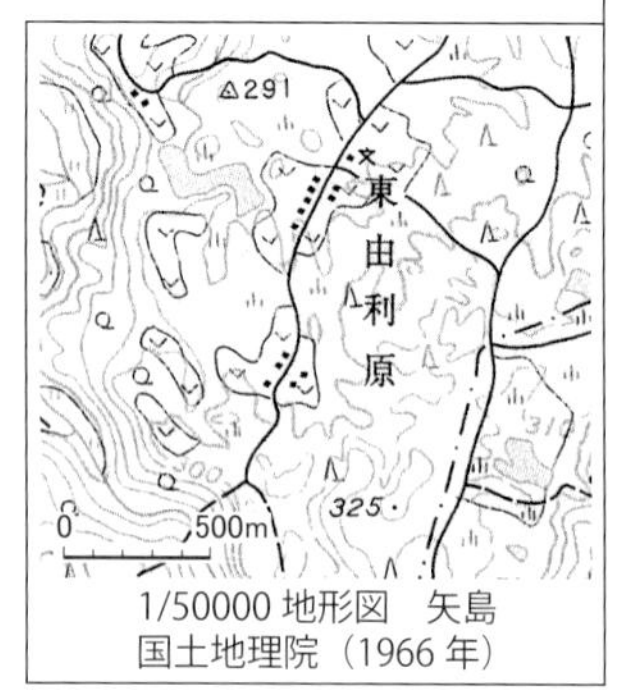

1/50000 地形図　矢島
国土地理院（1966 年）

平成30年の現況

- 記念碑　発見（農道整備碑）
- 学校跡　発見できず
- 神社　発見できず ＊現地形図に記載
- 祠・地蔵等　発見できず
- 墓地・墓石　発見できず ＊現地形図に記載
- 家屋　発見（傷んだ家屋）
- 道路状況　舗装
- 電線　あり
- 田畑　あり（耕作田・畑）

＊交通手段　レンタカー［2名］

西沢小学校東由利原冬季分校は、へき地等級4級、児童数5名（昭和34）、昭和33年開校、同42年閉校。分校跡は十字路の南東側にあるはずなのだが、痕跡は見当たらなかった。十字路の南側、広域農道沿いには傷んだ家屋が見当たり、背後には大きな風車が回っていた。広域農道に並行する自転車道沿いには耕された水田が見つかった。

【平成30年9月17日（月祝）訪問】

「東由利原」の名称入り案内板

風車を背にした傷んだ家屋

自転車道沿い、耕された水田

16 湯田（ゆだ）

秋田県仙北郡美郷町六郷東根字湯田
戸　数　16戸（昭和41・7）
移転年　昭和50年（1975年）
ガケ近接危険住宅移転事業で移転
【農山村】

湯田（ゆだ）は雄物川（おものがわ）水系湯田沢川上流部の山間にある。標高は分校跡が198m、神社が342m、六郷（ろくごう）市街から9km、（クルマで18分）である。集落の移転後、六郷砂防ダム（昭和57年竣工）が建設され、集落跡の大半はダム湖に水没した。

湯田には研究調査の一環で、林直樹さんとともに訪ねた。ダム堤体横の広場には、「この湖底に湯田ありき」と刻まれた記念碑（平成11年建立）、砂防ダムの完成記念碑が建っていた。

六郷東根（ひがしね）小学校湯田分校は、へき地等級2級、児童数20名（昭和34）、大正4年開校、昭和49年閉校。記念碑そばの「旧湯田集落絵図板」には、17戸の家と神社、分校が記されていた。湖

令和元年の現況

- 記念碑　発見（湯田ありきの碑ほか）
- 学校跡　発見（地震観測所、平地）
- 神社　発見（三吉神社）
- 祠・地蔵等　発見できず
- 墓地・墓石　発見できず
- 家屋　発見できず
- 道路状況　舗装・未舗装混在
- 電線　あり
- 田畑　あり（水田）

＊交通手段　元住民の自動車［4名］

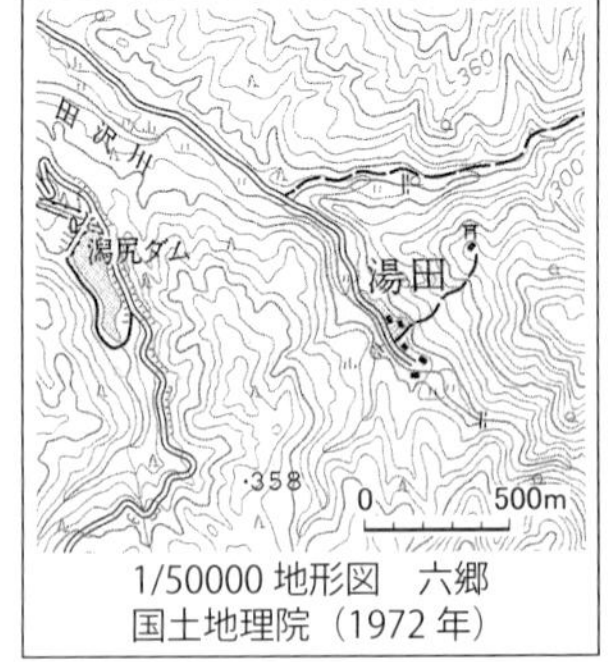

1/50000 地形図　六郷
国土地理院（1972年）

畔から三吉神社をめざして山道を登ると、20分で到着することができたが、眺望は木々が深く茂っており今ひとつだった。後に、分校跡はぎりぎり水没していないことを知った。

六郷市街に移転した新しい三吉神社にも、1年半後（平成29年2月）に訪問することができた。拝殿の正面には、真ん丸目玉の力士さんが構えていた。

【平成27年9月23日（水祝）、令和元年9月16日（月祝）訪問】

「旧湯田集落絵図板」案内板（平成27年）

稜線の三吉神社の社殿

六郷・三吉神社の力士像（平成29年）

集落の記憶　秋田県美郷町湯田

◆不便な山の暮らしが新生活の糧になった

湯田は、炭焼き、キノコ採り、狩猟、カンジキ造りなどを生業とする山村で、田畑の耕作は自給自足程度だった。家々は17戸あり、最盛期には125人が住んだ。私の家は分校のすぐそばにあった。

高校卒業後は家族で炭焼きを中心とした生活をした。原木がある国有林や炭焼き小屋は県境を越えた岩手県湯田町（現西和賀町）にあり、山中の小屋で石油ランプの明かりを頼りに夜を越すこともあった。炭焼きにはミズナラやブナが適しており、スギは向かなかった。

炭俵は一俵重さ15kg。男性は4〜5俵、女性は2〜3俵、子供も加わって家族で山から集落へと運んだ。私も小学2年生の頃から加わっていた。一度の炭焼きで炭俵は25俵ほどできた。およそだが、炭10俵は米一俵と同じ価格だった。

結婚した頃（昭和45年）、冬には六郷の造り酒屋に勤め、主に営業の仕事をした。一升瓶10

戸澤　辰男さん

昭和14年、六郷町湯田生まれ。六郷高校卒業。湯田で炭焼をして暮らし、六郷へ移転後は造り酒屋に勤めた。

本入りの木箱の上げ下ろしには炭俵を運んだときの経験が生きた。

六郷に転居後は、造り酒屋に就職した。退職してからは、湯田の暮らしのことを後世に伝えたいと、山の三吉神社を参拝する行事の語り部、往時の炭焼き道の復元への協力など、さまざまな企画に係わった。気の合う方々と故郷を語らうひとときはとても楽しい。

【平成29年2月11日（土祝）取材】

湯田分校の校舎（昭和30年頃）

炭俵を背負って山道を歩く（昭和42年）

炭焼き小屋で炭俵を並べる戸澤さん父子

泥湯（どろゆ）

秋田県湯沢市高松字泥湯沢
戸　数　5戸（昭和38・5）
移転年　平成28年（2016年）頃
個別移転（1戸残る）【温泉集落】

泥湯は雄物川水系高松川の最上流にある温泉集落で、分校跡の標高は706m、湯沢市街から30km（クルマで1時間）である。泥湯温泉には奥山旅館と小椋旅館がある。奥山旅館では平成28年7月に火災があり（平成31年春再建）、この頃から温泉集落に住まれるのは小椋旅館の方だけになったという。湯宿の手前には、数棟の温泉付き別荘が建っている。

泥湯には、家族旅行の中で妻とともに訪ね、小椋旅館に宿泊した。道沿いの山肌からは硫化水素が発生するため、各所に「立入禁止」の掲示板が立っている。神社へ続く石段の横には柵が施され、立入禁止となっていた。

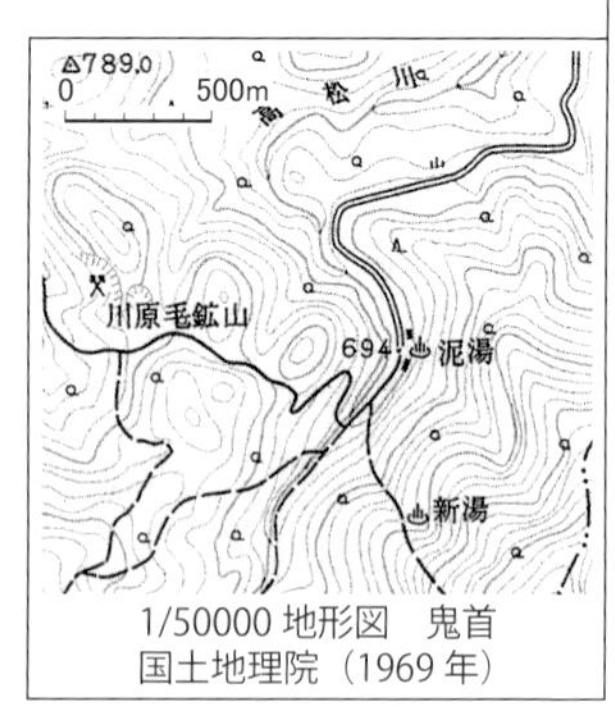

1/50000 地形図　鬼首
国土地理院（1969年）

平成30年の現況

・記念碑	発見（事故の鎮魂碑）
・学校跡	発見（移転した校舎）
・神社	発見（薬師神社）
・祠・地蔵等	発見
・墓地・墓石	発見できず
・家屋	発見（温泉旅館ほか）
・道路状況	舗装
・電線	あり
・田畑	なし
* 交通手段	レンタカー［2名］

高松小学校（のち坊ケ沢小学校）泥湯分校は、へき地等級5級、児童数5名（昭和34）、昭和25年開校、同50年閉校。校舎は奥山旅館に払い下げられ、その別館として残っている。筆者は「火事にあったのでは」と心配したが、被災を免れ、道の対面に移築されていた。しかし、説明を伺わなかったら、校舎とは思わなかったことだろう。

【平成30年9月17日（月祝）泊、令和元年9月16日（月祝）泊訪問】

昔ながらの温泉宿「小椋旅館」（平成30年）

立入禁止のロープに挟まれた神社参道

分校跡校舎が温泉宿別館として残る

18 升沢（ますざわ）

宮城県黒川郡大和町吉田字升沢
戸　数　20戸（昭和32・10）
移転年　平成13年（2001年）頃
騒音対策のため移転【農山村】

升沢は石巻湾に注ぐ鳴瀬川の水系升沢川および荒川沿いにあり、分校跡の標高は369m、大和町中心部からは21㎞（クルマで42分）である。升沢と嘉太神（東隣の集落）の移転理由は、近接する王城寺原演習場の騒音対策である。

大和町内の山々の傾斜は緩やかで、バスの終点沢渡にたどり着いても「ここが廃村への入口」とは思えなかった。沢渡から軽い上り坂を1㎞ほど進むと、右手に嘉太神の分校跡校舎が目に入った。月曜の朝、誰もいない廃校の校庭は、静まり返っていた。嘉太神から7㎞ほど奥の升沢でも、分校跡校舎は残っていたが他に家屋はなく、山神の碑が見られる程度だった。

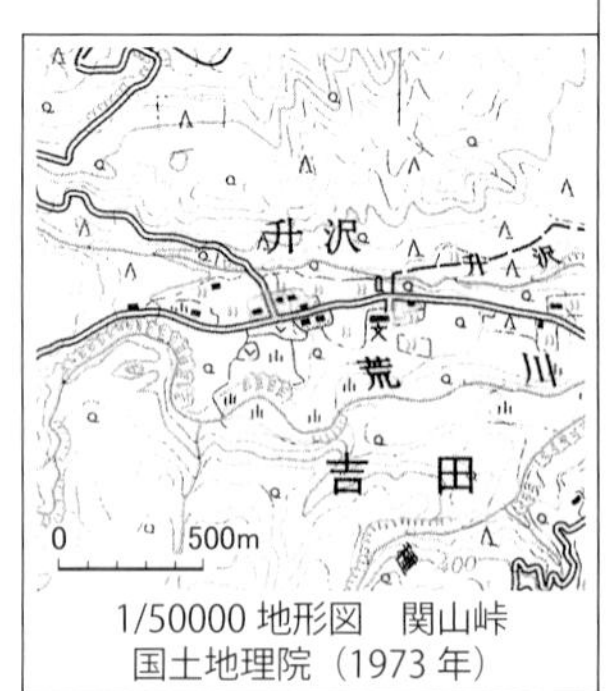

1/50000 地形図　関山峠
国土地理院（1973年）

平成21年の現況

- ・記念碑　発見できず
- ・学校跡　発見（校舎、校庭）
- ・神社　発見できず　＊船形山神社あり
- ・祠・地蔵等　発見（山神の碑）
- ・寺・墓地等　発見できず
- ・家屋　発見できず
- ・道路状況　舗装
- ・電線　あり
- ・田畑　無し
- ＊交通手段　バイク［単独］

吉田小学校升沢分校は、へき地等級3級、児童数54名（昭和34）、明治35年開校、平成6年閉校。校舎は「森の学び舎」という公共施設に転用されていて、校庭の隅にはヒマワリやアサガオが咲いていたが、関係の方に出会うことはなかった。家屋跡の更地には「王城寺原演習場騒音測定位置」の看板が立っていたが、騒音とも最後まで遭遇することはなかった。

【平成21年9月7日（月）訪問】

分校跡校舎は公共施設に転用されていた

更地の中に山神の碑が残されていた

「演習場騒音測定位置」の看板が立つ

19 小平（こだいら）

山形県北村山郡大石田町次年子字小平
戸　数　32戸（昭和35・10）
移転年　昭和47年（1972年）
集落再編成事業*で移転【農山村】

小平は最上川水系支流上流の河岸段丘にあり、分校跡の標高は186m、JR大石田駅からは14km（クルマ＋徒歩で1時間）、次年子本村からは4km（同40分）である。近隣に大林、三和という炭鉱集落があった（いずれも廃村）。

初訪の小平は、ヤマユリが咲く夏に出かけた。再訪時は、秋の紅葉の頃だった。手前の大石田鉱山（珪砂の鉱山）から向かう「十八坂」、10年前は歩道だったが、クルマが通れる幅になっていた。しかし、途中にはクルマは通れない法面崩落があった。2kmの道のりを歩いて35分でたどり着いた小平、一軒残った家屋は建ってはいたが、ずいぶん傷みが進んでいた。

平成30年の現況

- 記念碑　発見（部落跡地の碑）
- 学校跡　発見（跡地）
- 神社　発見できず　＊現地形図に記載
- 祠・地蔵等　発見できず
- 寺・墓地等　発見できず
- 家屋　発見（傷んだ家屋）
- 道路状況　未舗装
- 電線　無し
- 田畑　無し

＊交通手段　レンタカー＋徒歩［単独］

1/50000 地形図　尾花沢
国土地理院（1973年）

＊集落再編成事業は、過疎地域対策緊急措置法（過疎法）などに基づくもので、国土庁（自治省）、経済企画庁、秋田県、山形県、長野県によるものが確認された。

次年子小学校小平分校は、へき地等級3級、児童数15名（昭和34）、明治36年開校、昭和47年閉校。初訪時は草藪になっていた分校跡方面の道だが、再訪時はすっきりとしており、道沿いには「小平部落跡地」と刻まれた石碑（昭和57年建立）が見られた。二万五千図の文マークと、町立図書館の方とのやり取りから、標柱は分校跡に建っていることがわかった。

【平成20年7月20日（日）、平成30年11月12日（月）訪問】

小平に一軒残る家屋（平成20年）

傷みが進んだ家屋（平成30年）

分校跡に建つ部落跡地の石碑

集落の記憶　山形県大石田町小平

◆山の暮らしは息苦しかった

小平には横山の殿様（日野備中守）の落人伝説があり、地内には的場や楯といった伝説にまつわる地名があった。「小平の七不思議」のうちの２つ、断層が走っていることに由来する「あまのじゃく岩」は、人の声をよくはね返した。また、「たまごろ石」という砂と砂鉄でできた丸い石があった。

小平の人達は、田畑の耕作とともに冬には箕を作り、春に売りさばいた。私は中学を出てから2年間この仕事をしたが、前も山、後も山、冬は雪に閉ざされる暮らしは息苦しかった。川前に出て農協の仕事をすると、多くの人のつながりができ、可能性の広がりを感じた。出稼ぎで東京に出たとき、私はバスの運転手になりたいと思ったが、長男に家を継いでほしいと願った父は私にトラックを買い与えた。このため、春夏秋は農協で米や肥料を運ぶことが生業となった。

昭和43年頃から役場の人が集団移転の話を持ちかけるようになった。移転後のよりよい暮ら

横山　勝さん

昭和16年、亀井田村小平生まれ。運送業を経て、大石田に移転後製材所を営んだ。大石田町新作開発研究会会員。

しのためにと、町は先例がある小国(おぐに)町への視察の機会を作ってくれた。こうして県内2例目の集団移転が実現した。移転先の曙(あけぼの)町に高床式の家が多いのは、視察の成果と言える。

移転後に父とともに立ち上げた製材所は、従業員を雇う規模まで発展した。もう一度畑を耕してみようと思ったのは、年を取って製材所を息子にまかせてからのことである。

【令和元年9月14日（土）取材】

小平分校の校舎（昭和30年頃）

棚田とあまのじゃく岩（昭和40年頃）

移転話に来た町役場のクルマ（昭和43年頃）

20 大机（おおつくえ）

山形県鶴岡市大机
戸　数　13戸（昭和37・8）
移転年　平成6年（1994年）
個別移転【農山村】

大机（おおつくえ）は日本海に注ぐ赤川の水系大机川上流の谷沿いにあり、冬季分校跡の標高は２７４ｍ、鶴岡市街からは１４㎞、最寄集落坂野下からは２㎞（クルマで5分）である。近隣には長滝（農山村）、河倉（かわくら）（戦後開拓集落）という廃村がある。

大机には紅葉の頃、廃村探索の盟友 村影弥太郎さん（和歌山県在住）と2人で出かけた。集落の少し手前には「不動明王」碑があって、川沿いの道を上がると不動さまに出会った。湯殿山碑、庚申（こうしん）碑、馬頭観音碑などが並んだ場所辺りにクルマを停めて、「地理院地図」Ｗｅｂの鳥居マークを目指すと、「大山祇（おおやまづみ）神社」の標柱（大正元年建立）と本殿が迎えてくれた。

1/50000 地形図　湯殿山
国土地理院（1978 年）

平成30年の現況

・記念碑　発見（湯殿山碑ほか）
・学校跡　発見（跡地）
・神社　発見（大山祇神社）
・祠・地蔵等　発見
・寺・墓地等　発見（宗建寺跡）
・家屋　発見（複数の家屋）
・道路状況　舗装
・電線　無し
・田畑　あり（畑）
＊交通手段　友人の自動車［２名］

田川小学校大杋冬季分校は、へき地等級1級、児童数8名（昭和34）、大正元年開校、昭和54年閉校。神社下方の平地が「分校跡ではないか」と思ったが、後で調べると、その平地は寺（宗建寺）の跡で、分校跡は湯殿山碑のそばだった。約40分の探索の間、地域の方に出会うことはなかった。平成期の離村にして、電柱が見当たらないのが気になった。

【平成30年11月11日（日）訪問】

「不動明王」碑と小さな川の流れ

標柱と本殿がある大山祇神社

分校跡のように思えた宗建寺の跡

21 中ノ沢（なかのさわ）

福島県東白川郡棚倉町戸中字中ノ沢
戸　数　26戸（昭和32・9）
移転年　昭和40年（1965年）
事業の合理化で移転【営林集落】

中ノ沢は、太平洋に注ぐ久慈川源流沿いにあり、分校跡の標高は488m、棚倉町中心部から15km（クルマで40分）だが、県道はたびたび通行止になる。営林集落は、労働力集約のため形成されたという点で、鉱山集落、炭鉱集落と似ており、林業を生業とした農山村（林業集落）とは区別される。

初めての中ノ沢は、3泊4日のツーリングの道中、単独で出かけた。八溝山頂方面から枯葉が積もる未舗装の県道を走ると、やがて視界が開けて土場（木材の集積場）にたどり着いた。中ノ沢にあった高野小学校久慈川分校は、へき地等級2級、児童数24名（昭和34）、昭和5年開校、同40年閉校。土場の向かいには、

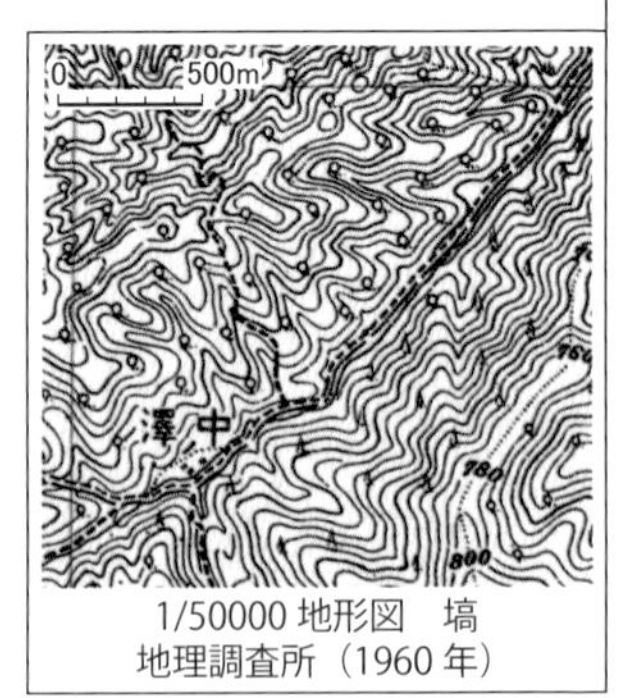

1/50000 地形図　塙
地理調査所（1960年）

平成20年の現況

- 記念碑　発見（暁の光の碑、分校跡標柱）
- 学校跡　発見（跡地）
- 神社　発見できず
- 祠・地蔵等　発見できず
- 寺・墓地等　発見できず
- 家屋　発見できず
- 道路状況　未舗装
- 電線　無し
- 田畑　無し

＊交通手段　バイク［単独］

分校跡の標柱（平成5年建立）と「暁の光の如く 東京営林局技術員養成所跡」と刻まれた碑（昭和50年建立）が建っており、「ここに営林集落があった」ことが実感できた。

11年後、棚倉方面から県道を走り、片道4㎞の通行止区間を歩いて再訪した。舗装された県道沿いに「暁の光の如く」の碑は建っていたが、分校跡の標柱は根元が朽ちて倒れていた。

【平成20年11月3日（月祝）、令和元年11月3日（日祝）訪問】

未舗装の県道と中ノ沢土場（平成20年）

土場の向かいに標柱と碑が建つ

分校跡標柱と「暁の光の如く」の碑

22 二幣地（にへいじ）

福島県会津若松市東山町湯川字丸小橋
戸　数　6戸（昭和47・9）
移転年　昭和50年（1975年）
個別移転【農山村】

二幣地（にへいじ）は阿賀野（あがの）川水系の湯川上流沿いにあり、分校跡の標高は672m、会津若松市街から19km（クルマで40分）である。東山温泉の奥、川渓（かわだに）、大巣子（おおすご）、中湯川も廃村になっている。

初訪の二幣地は、妻との会津ツーリングの中、単独出かけた。丸木を組んだ橋をバイクで渡った。集落跡では、崩れかけた家屋、点灯記念碑（昭和40年建立）や古峯（ふるみね）神社（火除けの神様）の石塔（明治31年建立）などが見られた。

2度目はGW後、生態系調査の一環で深澤圭太さん（つくばの国立環境研究所研究員）と2人で出かけた。丸木を組んだ橋を歩いて渡って探索すると、家屋の跡がはっきりわかった。東

平成26年の現況

- 記念碑　発見（通電記念碑、石塔）
- 学校跡　発見（跡地）
- 神社　発見（大山祇神社）
- 祠・地蔵等　発見
- 寺・墓地等　発見できず
- 家屋　発見できず
- 道路状況　舗装
- 電線　無し
- 田畑　あり（畑）

＊交通手段　友人の自動車［5月、2名］

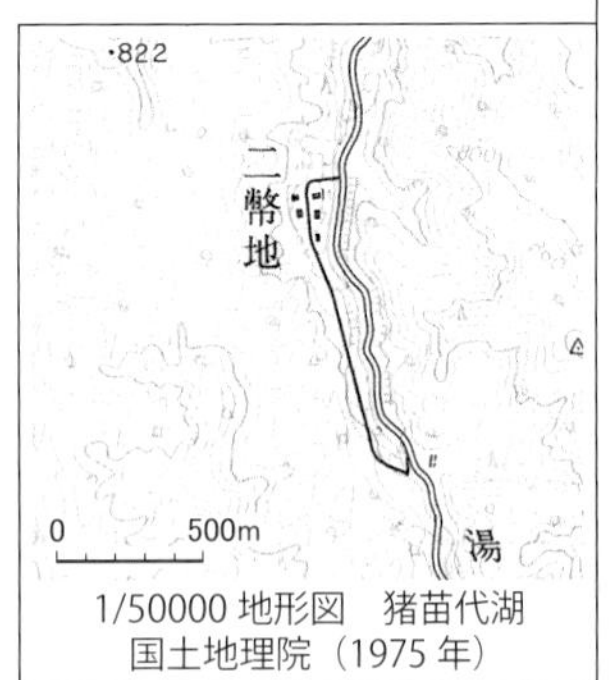

1/50000 地形図　猪苗代湖
国土地理院（1975年）

山小学校二幣地冬季分校は、へき地等級5級、児童数3名（昭和34）、昭和16年開校、通年分校として同50年閉校。分校跡は、点灯記念碑がある平地だった。深澤さんから、春の耕作放棄地でよく見かける若葉がついて背が高く細い木はハンノキ、葉がなくて直線的な細い枝が目立つ木はオニグルミと教えていただいた。奥の耕作放棄地ではミズバショウが見られた。

【平成21年10月25日（日）、平成26年5月10日（土）、同8月25日（月）訪問】

古峯神社（所在は栃木県）の石塔（平成21年）

タイル張りの浴槽（平成26年）

耕作放棄地で見られたミズバショウ

関　東

関東の廃校廃村は 20 ヵ所で、「廃村千選」全国総数（1,050 ヵ所）の 1.9％にあたる。1 都 6 県の中では群馬県が 10 ヵ所で最も多く、栃木県が 3 ヵ所でこれに次ぐ。

20 ヵ所の分布をみると、嬬恋（つまごい）村など群馬県北西部の集中が目を引く。関東の廃村密度は 0.6ヵ所／千 km²である。

関東には首都 東京があり、また、日本一の広さを誇る関東平野があるため、廃村や過疎との縁は薄いといえる。

廃校廃村を産業別にみると、鉱山集落 6 ヵ所（関東総数の 30.0％）が最も多い。農山村は 5 ヵ所（同 25.0％）しかない。また、ダム関係は 4 ヵ所（同 20.0％）である。

人口増減率（S.50 － H.27 の 40 年間）をみると、全都県で増加している。特に東京都市圏（首都圏）の 4 都県（東京都、埼玉県、千葉県、神奈川県）は、H.22 － H.27 の 5 年間でも増加している。平成 18 年、神奈川県の人口は大阪府を抜いて全国第 2 位になった。国勢調査人口のピークは、茨城県、群馬県が平成 12 年、栃木県が平成 17 年である。

表 3　関東の人口統計

都県名	人口［人］(H.27)	面　積 [km²]	人口密度 [人／km²]	増減率［%］(H.27/S.50)	廃村数
茨城県	2,916,976	6,097.1	478.4	24.5	1
栃木県	1,974,255	6,408.1	308.1	16.3	3
群馬県	1,973,115	6,362.3	310.1	12.3	10
千葉県	6,222,666	5,157.7	1,206.5	50.0	1
埼玉県	7,266,534	3,797.8	1,913.4	50.7	1
東京都	13,515,271	2,190.9	6,168.7	15.8	2
神奈川県	9,126,214	2,415.8	3,777.7	42.7	2
関東　計	42,995,031	32,429.6	1,325.8	30.9	20

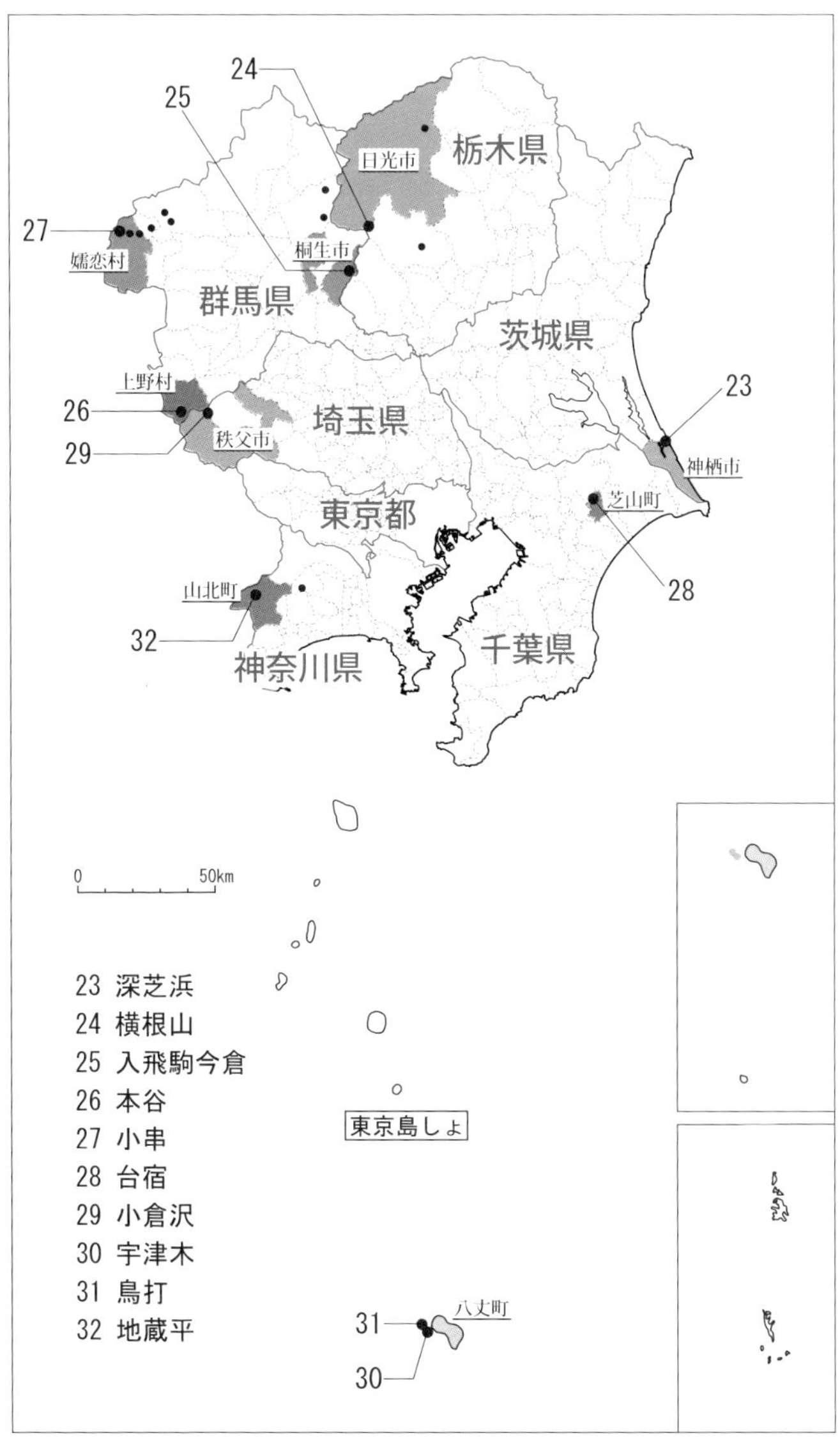
24
25
栃木県
日光市
27
嬬恋村
桐生市
群馬県
茨城県
上野村
23
26
埼玉県
29
秩父市
神栖市
芝山町
東京都
山北町
28
32
千葉県
神奈川県
0
50km
23 深芝浜
24 横根山
25 入飛駒今倉
26 本谷
27 小串
28 台宿
29 小倉沢
30 宇津木
31 鳥打
32 地蔵平
東京島しょ
31
八丈町
30

23 深芝浜（ふかしばはま）

茨城県神栖市東和田
戸　数　154戸（昭和42・8）
移転年　昭和44年（1969年）
工業開発のため移転【農漁村】

深芝浜（ふかしばはま）は鹿島灘沿い、鹿島港南側の工業地帯にある。分校跡の標高は7m、神栖（かみす）市役場から9km（クルマで18分）、農業・漁業を生業とした集落は、鹿島工業開発のため移転した。

深芝浜には夏の暑い日、JR鹿島線 鹿島神宮駅で自転車を借りて出かけた。現地は鹿島臨海工業地帯の一角で、鹿島港がY字形に掘り込まれているため、道のりはとても遠かった。集落の跡地は火力発電所と製油所の敷地となっている。地名は昭和48年に深芝浜から東和田（とうわだ）に改称しており、記念碑など往時を偲ぶものが何も見当たらない中、交差点名として深芝浜が残っていて、救われた感じがした。

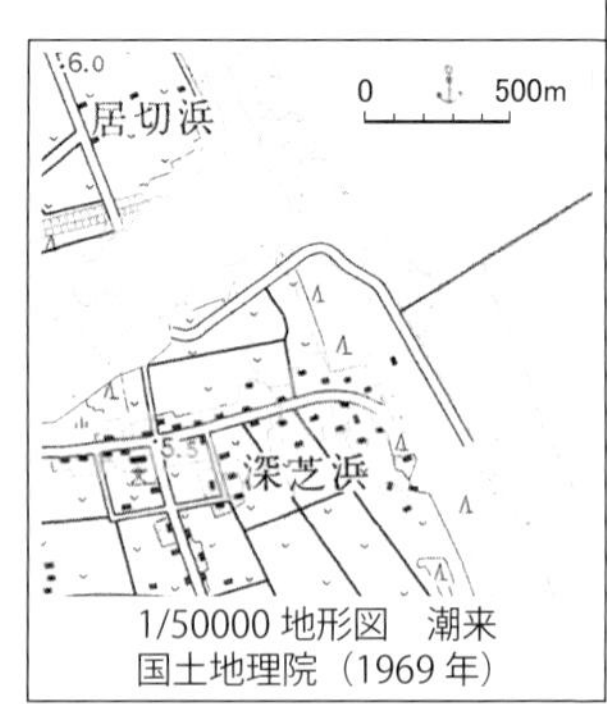

1/50000 地形図　潮来
国土地理院（1969年）

平成30年の現況

- 記念碑　発見（移転記念碑【移転地】）
- 学校跡　発見できず
- 神社　発見できず
- 祠・地蔵等　発見できず
- 寺・墓地等　発見できず
- 家屋　発見（工業地帯関係の建物）
- 道路状況　舗装
- 電線　あり
- 田畑　無し

＊交通手段　レンタサイクル［7月、単独］

息栖（いきす）小学校深芝浜分校は、へき地等級無級、児童数260名（昭和34）、大正7年開校、昭和44年閉校。分校跡地は製油所の敷地になっていて、金網越しに道から見ることしかできない。その後、移転地に記念碑が建っていることを知り、秋の再訪時、大野原と知手（しって）、横瀬（よこせ）のものを見に行った。移転から半世紀の時が流れ、記念碑は周囲の風景に溶け込んでいた。

【平成30年7月21日（土）、同10月28日（日）訪問】

深芝浜・集落跡に火力発電所が建つ

県道交差点に深芝浜の名称が残る

移転地（知手）に建つ深芝浜移転記念碑

集落の記憶　茨城県神栖市深芝浜

◆工業開発は、雇用と賑わいをもたらした

浜に沿った深芝浜の生業は漁業と農業だったが、多くは兼業や出稼ぎをしていた。私の父は大工仕事をしていた。漁では地引き網でアジやイワシをとって肥料用にしたが、沖合に漁業者の船が増えると取れなくなった。農業ではタバコを主産物とした。

国民学校を出た後は、奥野谷浜の白十字病院でまかないの仕事についた。病院には東京の会社勤務の結核療養患者が多く入院していて、ニコン勤務の方からカメラの手解きを受けた。

私が東京の建設会社に転勤してしばらくした頃（昭和37年）、鹿島に一大工業地帯を作る計画が公表され、深芝浜は集落全域が移転の対象となった。もちろん反対運動は起こったが、地域に雇用の場ができることはありがたく、大きなものにはならなかった。こうして深芝浜は、昭和40年から44年にかけて、「六四方式」（10割の土地提供の代わりに、広さ6割分の新たな

伊藤　猛さん

昭和5年、息栖村深芝浜生まれ。病院勤務のかたわら漁業を手伝う。東京での勤務を経て、神栖市在住。

土地を補償で取得）によって、神栖村内の4ヵ所（大野原、平泉、知手、横瀬）に分かれて集団移転した。大野原には、隣集落 居切浜を含めて多くの家々が移り住んだ。

かつての集落の姿は遠いものとなったが、全国屈指の工業都市となった鹿嶋市、神栖市の今の賑わいを考えると、工業開発はあって良かったと思っている。

【平成30年10月28日（日）取材】

漁で浜に積まれたイワシ（昭和28年頃）

深芝浜分校の木造校舎（昭和30年）

用地整備が進む居切浜（昭和37年頃）

24 横根山（よこねやま）

栃木県日光市足尾町横根山
戸　数　15戸（昭和33・5）
移転年　昭和48年（1973年）頃
集団移転【戦後開拓集落】

横根山（よこねやま）は利根川水系渡良瀬（わたらせ）川支流源流部、勝雲山（しょううんざん）の麓にあり、分校跡の標高は1226m、足尾町中心部から12km（クルマで25分）である。昭和23年、満州からの引揚者が入植し成立したが、開拓農協解散（昭和48年）の頃無住となった。

横根山集落跡は、足尾から県道の坂を上り、粕尾（かすお）峠からさらに上った場所にあった。足尾小学校横根山分校は、へき地等級2級、児童数20名（昭和34）、昭和26年開校、同49年閉校。分校跡は関東霊園入口のすぐ対面にあり、細い川を渡った跡地を探索すると、道と藪の境目に鉄棒が見つかった。探索ではロッジの廃墟や、使われていなさそうなバンガローが見られた。

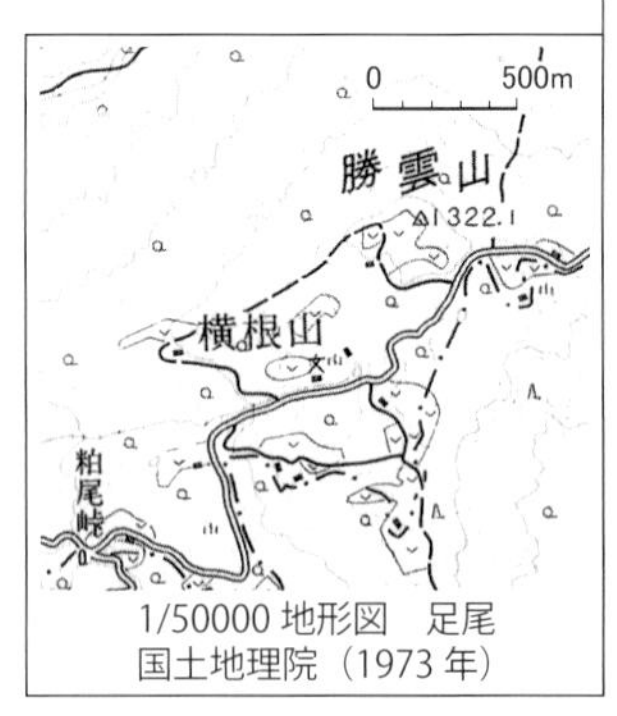

1/50000 地形図　足尾
国土地理院（1973年）

令和元年の現況

- 記念碑　発見できず
- 学校跡　発見（平地、鉄棒）
- 神社　発見できず
- 祠・地蔵等　発見できず
- 寺・墓地等　発見できず ＊関東霊園あり
- 家屋　発見（ロッジの廃墟ほか）
- 道路状況　舗装・未舗装混在
- 電線　あり
- 田畑　無し

＊交通手段　レンタカー［単独］

その後、開拓集落は北部（都沢沿い）と南部に分かれていて、昭和41年まで分校は北部―南部間の山中にあったことを知った。初訪から14年後、南部を再訪すると、分校跡の鉄棒、旗柱、ロッジの廃墟を確認できた。初めて北部を訪ねると、ダートの道沿いに開拓農家跡に建つ作業小屋が見つかった。山中の分校跡方面に向かう山道は、入口を確認するだけとした。

【平成17年11月8日（火）、令和元年8月14日（水）訪問】

南部の分校跡・鉄棒が残る（令和元年）

分校跡の先、ロッジの廃墟が残る

北部・開拓農家跡に建つ作業小屋

25 入飛駒今倉（いりひこまいまぐら）

群馬県桐生市梅田町5丁目
戸　数　12戸（昭和35）
移転年　昭和55年（1980年）
ダム建設のため移転【農山村】

入飛駒今倉は利根川水系桐生川中流沿いにあり、学校跡の標高は258m、桐生市街から13km（クルマで26分）、栃木県田沼町中心部から26km（クルマで52分）である。昭和43年、入飛駒地区（今倉、落合、皆沢など）は田沼町から越県編入。移転理由は、桐生川ダム（昭和57年竣工）の建設である。

入飛駒今倉には、日帰りのツーリングで出かけた。田沼町飛駒のゴルフ場を過ぎると狭い道となり、老越路峠から2kmあたりに現在の県境がある。県境から4kmほどでダム湖にかかる梅田大橋に到着。昔の県境は桐生川にあった。入飛駒小学校は、へき地等級1級、児童数82名（昭和34）、明治41年開校、昭和

1/50000 地形図　桐生及足利
国土地理院（1967年）

平成21年の現況

- 記念碑　発見（学校碑ほか）
- 学校跡　発見できず
- 神社　発見できず
- 祠・地蔵等　発見できず
- 寺・墓地等　発見（墓石）＊かつて寺あり
- 家屋　発見できず
- 道路状況　舗装
- 電線　無し
- 田畑　無し
- ＊交通手段　バイク［単独］

43年閉校。梅田大橋から湖の左岸の狭い道を進むと、古い学校跡の石柱に「水没跡地」と刻まれた石碑が立てかけられていた。石柱には消えそうな文字で「飛駒尋常小学校 大正15年」と、石碑にははっきりとした文字で「昭和58年 桐生市長」と刻まれていた。碑より少し先には湧き水があり、整えられた水汲み場になっていたので、のどを潤した。

【平成21年7月25日（土）訪問】

梅田大橋からダム湖（梅田湖）を臨む

石柱に立てかけられた「水没跡地」碑

碑のそばの水場で湧き水を汲んだ

26 本谷（ほんたに）

群馬県多野郡上野村楢原本谷国有林
戸　数　25戸（昭和31・9）
移転年　昭和38年（1963年）
事業の合理化で移転【営林集落】

本谷（ほんたに）は利根川水系神流川（かんな）上流沿いの国有林内にあり、分校跡の標高は920m、上野村中心部からは16㎞（クルマで32分）である。本谷国有林には、昭和60年8月に起きた日航ジャンボ機墜落事故の現場 御巣鷹（おすたか）の尾根が含まれる。

初訪時と再訪時の本谷は、妻とのツーリングで出かけた。上野ダム建設のため、本谷に向かう道は高規格の橋やトンネルが続く。上野西小学校本谷分校は、へき地等級5級、児童数14名（昭和34）、昭和18年開校、同38年閉校。この時は情報を持ち合わせておらず、分校跡の場所は見当がつかなかった。

しっかり準備した2年後の再訪時は、車道の終点まで来ても

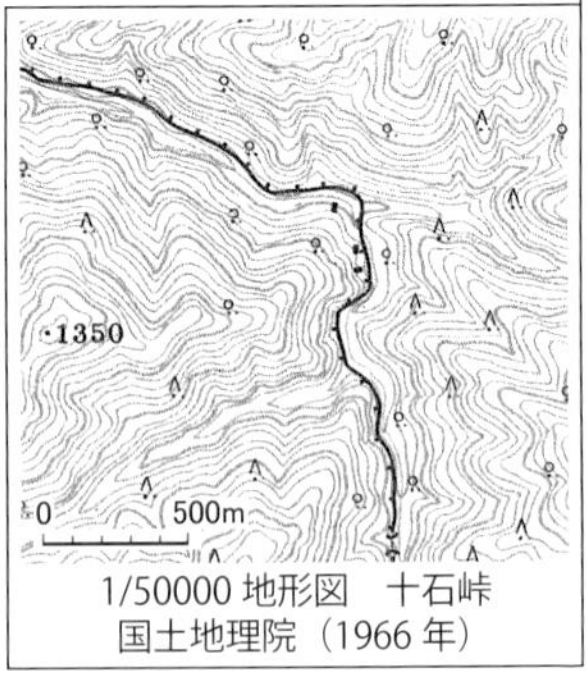

1/50000 地形図　十石峠
国土地理院（1966年）

平成19年の現況

- 記念碑　発見できず　＊日航機事故関連は発見
- 学校跡　発見（平地、林鉄線路）
- 神社　発見（山神社）
- 祠・地蔵等　発見
- 寺・墓地等　発見できず
- 家屋　発見できず
- 道路状況　舗装
- 電線　無し
- 田畑　無し
- ＊交通手段　バイク［2名］

気配がしなかったので少々焦ったが、慎重に道を戻ると、山方向の枝道を入った場所に山の神が見つかった。近くにバイクを停めて、歩いて神流川方向の枝道を下ると、道が広くなっている場所が分校跡で、その直下、川のそばには森林鉄道の線路と往時の石垣が残っていた。

本谷には再訪の４年後、紅葉狩りを兼ねた写真撮影で、単独ツーリングで再々訪している。

【平成17年11月23日（水祝）、平成19年9月29日（土）、平成23年11月13日（日）訪問】

「御巣鷹の尾根」の案内板（平成23年）

集落跡への到達を知らせる山の神

分校跡の直下に残る往時の石垣

27 小串（おぐし）

群馬県吾妻郡嬬恋村干俣（ほしまた）国立公園内
戸　数　３０４戸（昭和41・11）
移転年　昭和46年（１９７１年）
鉱山閉山のため移転【鉱山集落】

小串（おぐし）は上信越高原国立公園内、破風（はふ）岳の麓にあり、学校跡の標高は１５６６m、長野電鉄須坂（すざか）駅からは30㎞（クルマ＋徒歩で１時間30分）である。小串硫黄鉱山（昭和46年閉山）の鉱山町は長野県須坂市、高山村とのつながりが強かった。

初めての小串は、６名で法要の時にあわせて訪ねて、現地でキャンプをした。普段は閉ざされている県境の毛無峠をクルマで越えて、まず御地蔵尊にご挨拶した。夏の盛りの頃だが、夜の小串は寒いくらいだった。小串小学校は、へき地等級４級、児童数２２３名（昭和34）、昭和９年開校、同46年閉校。早朝に単独で出かけると、往時の姿で残る回旋塔が迎えてくれた。

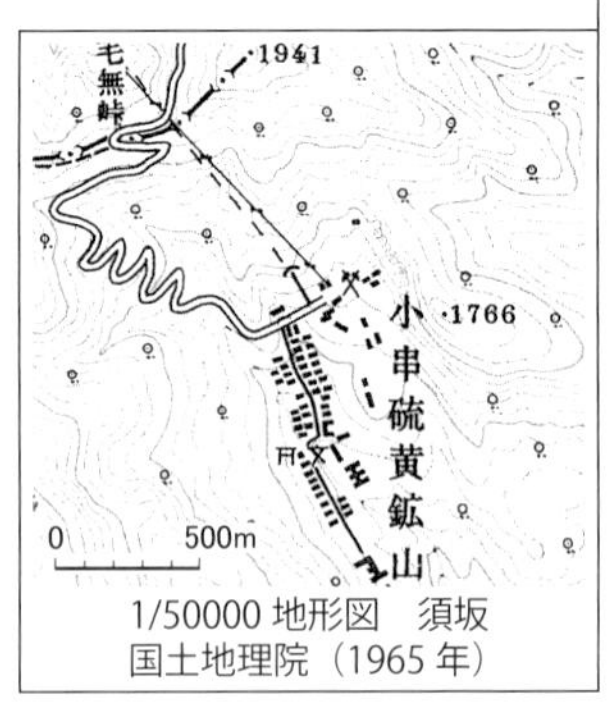

1/50000 地形図　須坂
国土地理院（1965 年）

平成25年の現況

- 記念碑　発見（鉱山旧蹟碑）
- 学校跡　発見（回旋塔、ガレキ）
- 神社　発見（山神社）
- 祠・地蔵等　発見
- 寺・墓地等　発見できず
- 家屋　発見（朽ちた建物）
- 道路状況　未舗装
- 電線　無し
- 田畑　無し

＊交通手段　バイク＋徒歩［３名］

御地蔵尊の広場では賑やかに法要が行われたので、焼香の列に加わった。皆で行った探索では、火薬庫跡、ズリ山、選鉱場跡、学校跡などを訪ね、最後に山神社にご挨拶した。

3度目の小串は、友人の唐沢和吉（かずよし）さん達と3名で訪ねた。毛無峠から御地蔵尊までの歩道は、予想よりも短かった。探索では隧道跡を訪ねた後、最奥の五区まで足を運んだ。

【平成18年7月22日（土）泊、同10月15日（日）、平成25年5月26日（日）訪問】

小学校跡に残る回旋塔（平成18年）

小串御地蔵尊では法要が行われていた

最奥の五区にも到達した（平成25年）

28 台宿（だいじゅく）

千葉県山武郡芝山町岩山字台宿
戸　数　18戸（昭和51・2）
移転年　昭和53年（1978年）
騒音対策のため移転【農山村】

台宿（だいじゅく）は関東平野の一角、成田空港南東部にある。学校跡の標高は24m、芝山町役場から6㎞、芝山鉄道芝山千代田駅から3㎞（自転車で15分）、集落は空港の騒音対策のため移転した。

台宿には、芝山千代田駅で自転車を借りて出かけた。現地は空港南部工業団地ができていて、物流関係の建物がたくさん建っていた。「騒音対策で離村した」とのことだが、現地の騒音は飛行機ではなく物流のトラックに感じた。台宿にあった岩山小学校は、へき地等級無級、児童数152名（昭和34）、明治6年開校、昭和50年閉校。校区と思われる谷（さく）にも足を運んだところ、数戸の家屋が建っていたが、誰かに出会うことはなかった。

1/50000 地形図　成田
国土地理院（1970年）

平成30年の現況

- 記念碑　発見（学校跡の碑）
- 学校跡　発見（門柱）
- 神社　発見（子安神社）
- 祠・地蔵等　発見できず
- 寺・墓地等　発見できず
- 家屋　発見（家屋、工業団地関係の建物）
- 道路状況　舗装
- 電線　あり
- 田畑　無し

＊交通手段　レンタサイクル［単独］

工業団地の駐車場の区画に、静かに小学校跡の碑と門柱が建っていた。離村前、どんな集落があったのか想像できないが、そんな場所だからこそ碑がある意味も大きいように思った。碑と門柱のそばには、神社の鳥居と祠が見られた。表通り、コンビニの裏手に1軒残る家屋入口があった。声はかけずに自転車に戻ろうとすると、犬の鳴き声が聞こえた。

【平成30年5月26日（土）訪問】

岩山小学校跡の碑と門柱

子安神社の鳥居と祠

1軒残る家屋の入口

29

小倉沢（おぐらさわ）

埼玉県秩父市中津川字小倉沢
戸　数　３６１戸（昭和38・10）
移転年　平成18年（２００６年）
事業の合理化で移転【鉱山集落】

小倉沢（おぐらさわ）は荒川水系中津川上流沿い、赤岩岳の麓にあり、学校跡の標高は８９３m、大滝村中心部からは20㎞（クルマで40分）である。秩父鉱山は、古くは金、近年は亜鉛などの金属鉱山として知られ、現在は石灰鉱山として存続している。

初訪時は、「雀の社会科見学帖」Ｗｅｂの夜雀さんと出かけた。簡易郵便局員の方によると、「住民は30人ぐらい」とのこと。集落の奥では、自動販売機や食堂がある建物が見られた。

２度目は初訪の４年後（平成19年）、妻とのツーリングで出かけた。自治区としての小倉沢は前年に解散していた。この時は集落の最奥にある山神社にご挨拶に行った。

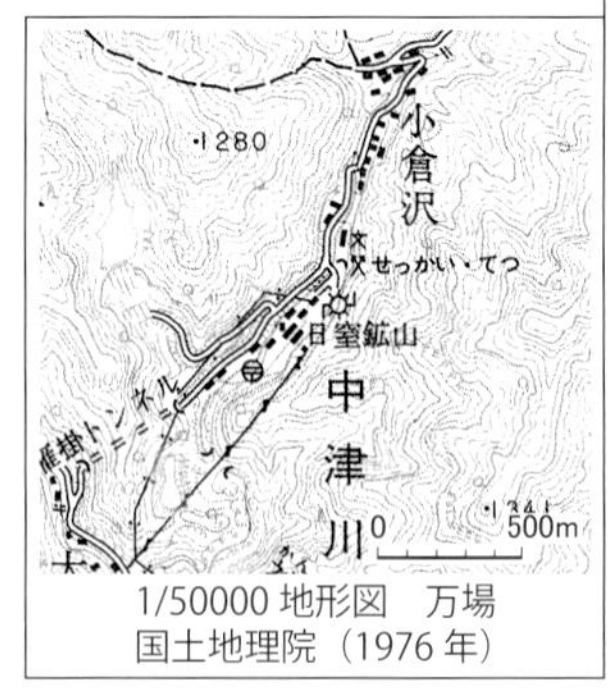

1/50000 地形図　万場
国土地理院（1976年）

平成23年の現況

・記念碑　発見（慰霊之碑）
・学校跡　発見（校舎、門柱、校庭）
・神社　発見（山神社）
・祠・地蔵等　発見
・寺・墓地等　発見できず
・家屋　発見（鉱員住宅、購買所跡ほか）
・道路状況　舗装
・電線　あり
・田畑　無し
＊交通手段　バイク［単独］

3度目は再訪の4年後（平成23年）、単独のツーリングで出かけた。小倉沢小学校は、へき地等級2級、児童数274名（昭和34）、昭和10年開校、同60年閉校。この時は、正門の前まで行って写真を撮った。鉱山住宅、共同浴場跡、購買所跡など、見慣れた建物は傷みが進んでおり、時の流れを感じた。日曜日のため、簡易郵便局は休みだった。

【平成15年7月23日（水）、平成19年9月28日（金）、平成23年11月13日（日）訪問】

小学校跡の正門（平成23年）

扉が開いた共同浴場跡

購買所跡の扉も開いていた

30 宇津木（うつき）

東京都八丈町宇津木
戸　数　14戸（昭和31）
移転年　昭和44年（1969年）
集団移転【離島（漁村）】
※八丈小島は44戸（昭和31）

宇津木（うつき）は八丈島西方沖5㎞の孤島八丈小島の南東部（八丈島側）にあり、学校跡の標高は72ｍ、八重根（やえね）港から9㎞（船で25分）である。八丈小島は、面積は3・1平方㎞、大平山の海抜は617ｍ、急峻な地形が存在感を醸し出している。行政村宇津木村は、昭和30年編入で八丈町となった。

初めての宇津木は、釣り船に同乗して出かけた。船着場からの小道を登ると、機関場跡や拝所の石垣がある丘にたどり着いた。丘から海岸線に沿って歩くと、門柱が視界に入った。宇津木小学校は、へき地等級5級、児童数9名（昭和34）、明治27年開校、昭和44年閉校。この時は、スレート葺きの屋根の校舎

平成16年の現況

- 記念碑　発見（神社跡の長石）
- 学校跡　発見（校舎、門柱、校庭）
- 神社　発見（為朝神社跡）
- 祠・地蔵等　発見
- 寺・墓地等　発見（金次郎の墓）
- 家屋　発見（機関場）
- 道路状況　未舗装（クルマは入れない）
- 電線　無し
- 田畑　無し
- ＊交通手段　釣り船［単独］

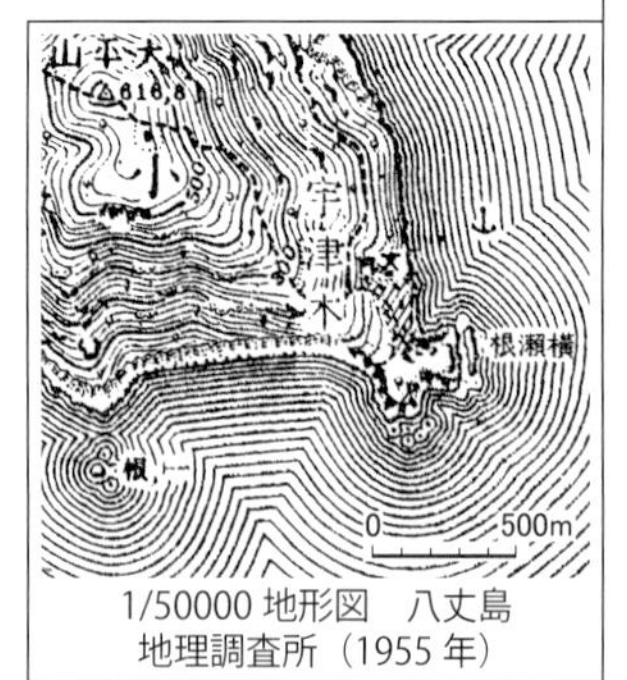

1/50000 地形図　八丈島
地理調査所（1955年）

が形を留めていた。学校跡から山へ向かう急な階段を進むと、為朝（ためとも）神社跡にたどり着いた。

2年後の再訪時は、小島出身の浅沼孝則さんの案内を受けて、総勢7名で訪ねた。機関場跡がある丘には、たくさんの小さな黄色い花が咲いていた。学校跡校舎の屋根は、残念ながら落ちていた。季節柄、為朝神社跡では、アジサイの花が見られた。

【平成16年9月16日（土）、平成18年6月4日（土）訪問】

船着場と機関場跡がある丘（平成16年）

学校跡には門柱と校舎が残っていた

アジサイが咲く為朝神社跡（平成18年）

31 鳥打（とりうち）

東京都八丈町鳥打
戸　数　30戸（昭和31）
移転年　昭和44年（1969年）
集団移転【離島（半農半漁）】

鳥打は八丈島西方沖5㎞の孤島八丈小島の北西部（外海側）にあり、学校跡の標高は80m、宇津木船着場から4㎞（船で12分）である。宇津木と鳥打の行き来は、陸路よりも海路が一般的だった。行政村鳥打村は、昭和29年合併で八丈村となった。

初めての鳥打は、釣り船で宇津木に続いて出かけた。船着場からの坂はなだらかで、平地（浜平）の広がりは宇津木よりずっと広い。あちこちに石垣が残る緑の道を歩いていくと、右手に学校跡の門柱が現われた。鳥打小学校は、へき地等級5級、児童数20名（昭和34）、明治27年開校、昭和44年閉校。学校跡の建物は、コンクリートの基礎の部分を残してガレキになってい

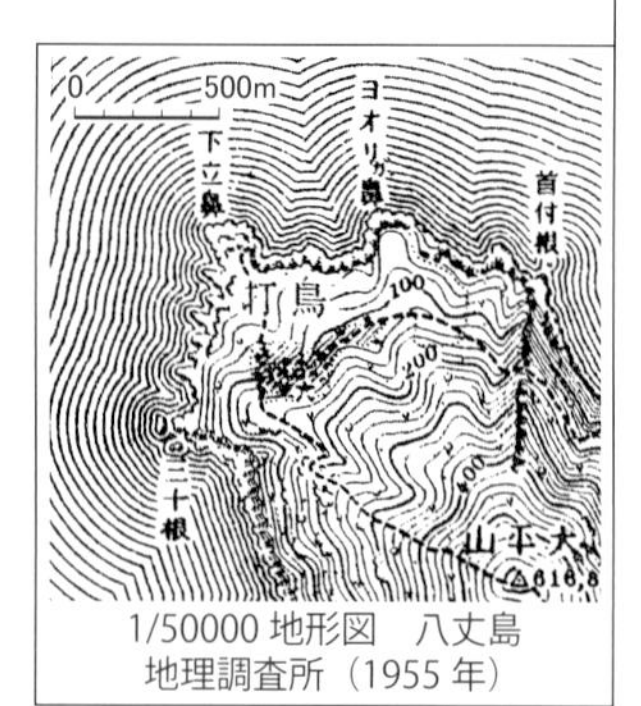

1/50000 地形図　八丈島
地理調査所（1955年）

平成18年の現況

・記念碑	発見（神社碑）
・学校跡	発見（門柱、校庭、ガレキ）
・神社	発見（戸隠神社跡）
・祠・地蔵等	発見
・寺・墓地等	発見（教住跡）
・家屋	発見できず
・道路状況	未舗装（クルマは入れない）
・電線	無し
・田畑	無し
＊交通手段	チャーター船［7名］

た。それでも元村長が書き残した「惜別の詩」が書かれた廊下の壁は残っていた。

2年後の再訪時、「惜別の詩」の赤ペンキは、読み取ることができないほど薄れていた。前回はわからなかった戸隠（とがくし）神社跡にも、浅沼孝則さんの案内のおかげで足を運ぶことができた。高台から島影ひとつない水平線を見渡すと、地球が丸いことが実感できた。

【平成16年9月16日（土）、平成18年6月4日（土）訪問】

浜平から集落跡へ向かう（平成16年）

学校跡には門柱と校舎のガレキが残る

水場がある戸隠神社跡（平成18年）

32 地蔵平（じぞうだいら）

神奈川県足柄上郡山北町中川字大又
戸　数　18戸（昭和33・9）
移転年　昭和39年（1964年）
事業の合理化で移転【営林集落】

地蔵平（じぞうだいら）は相模（さがみ）湾に注ぐ酒匂（さかわ）川水系大又沢沿いにあり、分校跡の標高は598m、山北町中心部から23㎞（クルマ＋徒歩で2時間30分）である。神奈川県は林道の通行規制が厳しく、丹沢湖畔の端浅瀬（あさせ）ゲートから先は一般車両通行止になる。

初めての地蔵平には、単独バイクで出かけた。浅瀬ゲートから地蔵平までは、往時は森林鉄道だったという林道を8㎞歩く。地蔵平のお地蔵さんは、手入れされた地蔵堂に鎮座していて、白い装束を羽織っていた。お地蔵さんより少し下手のスギ林に入ると、「大震災殉難者精霊碑」（関東大震災に由来）、「遭難者精魂碑」（大正期の水害に由来）が見つかった。

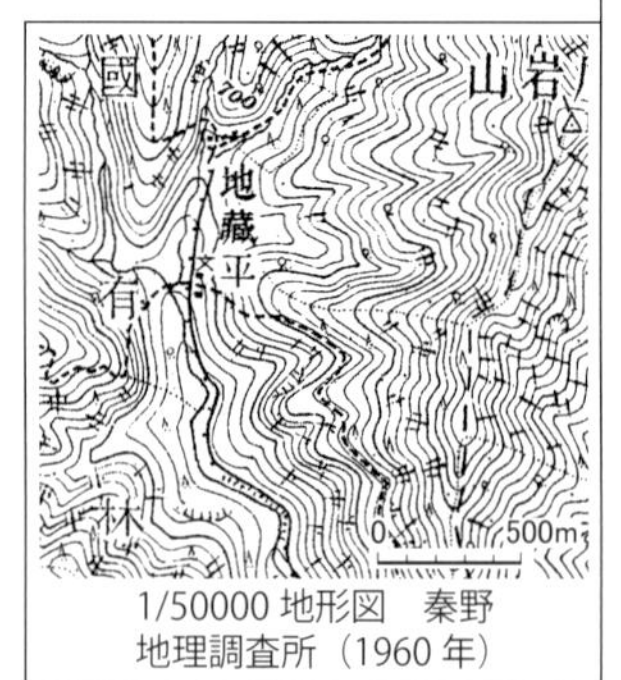

1/50000 地形図　秦野
地理調査所（1960年）

平成19年の現況

- 記念碑　発見（大震災精霊碑、水害精魂碑）
- 学校跡　発見（跡地）
- 神社　発見（山ノ神）
- 祠・地蔵等　発見
- 寺・墓地等　発見できず
- 家屋　発見できず
- 道路状況　未舗装
- 電線　無し
- 田畑　無し

＊交通手段　バイク＋徒歩［6月、単独］

三保小学校大又沢分校は、へき地等級4級、児童数8名（昭和34）、大正12年開校、昭和35年閉校。石碑のすぐ上方、分校敷地のそばでは五右衛門風呂と林鉄の線路が見つかった。同じ年の秋、友人2名とともに地蔵平を再訪し、分校の敷地の検証を行った。帰り道にハンターと出会い、11月15日が狩猟の解禁ということを知った。

【平成19年6月24日（日）、同11月23日（金祝）訪問】

スギ林と2つの石碑（平成19年6月）

五右衛門風呂と林鉄線路が見られる

道中見かけた秋景色（平成19年11月）

甲信越

甲信越の廃校廃村は114ヵ所で、「廃村千選」全国総数（1,050ヵ所）の10.9％にあたる。3県の中では新潟県の84ヵ所が最も多く（県別で全国最多）、長野県が25ヵ所でこれに次ぐ。

114ヵ所の分布をみると、新潟県柏崎市、十日町(とおかまち)市、糸魚川(いといがわ)市、長野県飯山(いいやま)市などに集中がみられる。甲信越の廃村密度は3.7ヵ所／千㎢である。

地域区分をみると、新潟県は北陸の一部とする場合がある。山梨県、長野県は岐阜県とともに東山(とうさん)とする場合がある。近年は関東とのつながりが強くなっているため、関東甲信越とすることもある。甲信越、東海（三重県を除く）、北陸をまとめた中部地方という呼称は、使われなくなってきた感がある。

日本海側の新潟県は全国有数の穀倉地帯で、積雪が多いなど、甲信と気候が大きく異なる。このため、新潟県の廃村では、水田に通いの耕作がなされている例が多く見られる。

廃校廃村を産業別にみると、農山村が96ヵ所（甲信越総数の84.2％）でまとまっている。また、ダム関係は4ヵ所（同3.5％）で、比較的少ない。

人口増減率（S.50 － H.27の40年間）をみると、新潟県の減少が目を引く。国勢調査人口のピークは、新潟県が平成7年、長野県と山梨県は平成12年である。

表4　甲信越の人口統計

県名	人口［人］(H.27)	面　積［㎢］	人口密度［人／㎢］	増減率［%］(H.27/S.50)	廃村数
新潟県	2,304,264	12,584.1	183.1	△3.7	84
長野県	2,098,804	13,561.6	154.8	4.0	25
山梨県	834,930	4,465.3	187.0	6.6	5
甲信越 計	5,237,998	30,610.9	171.1	0.9	114

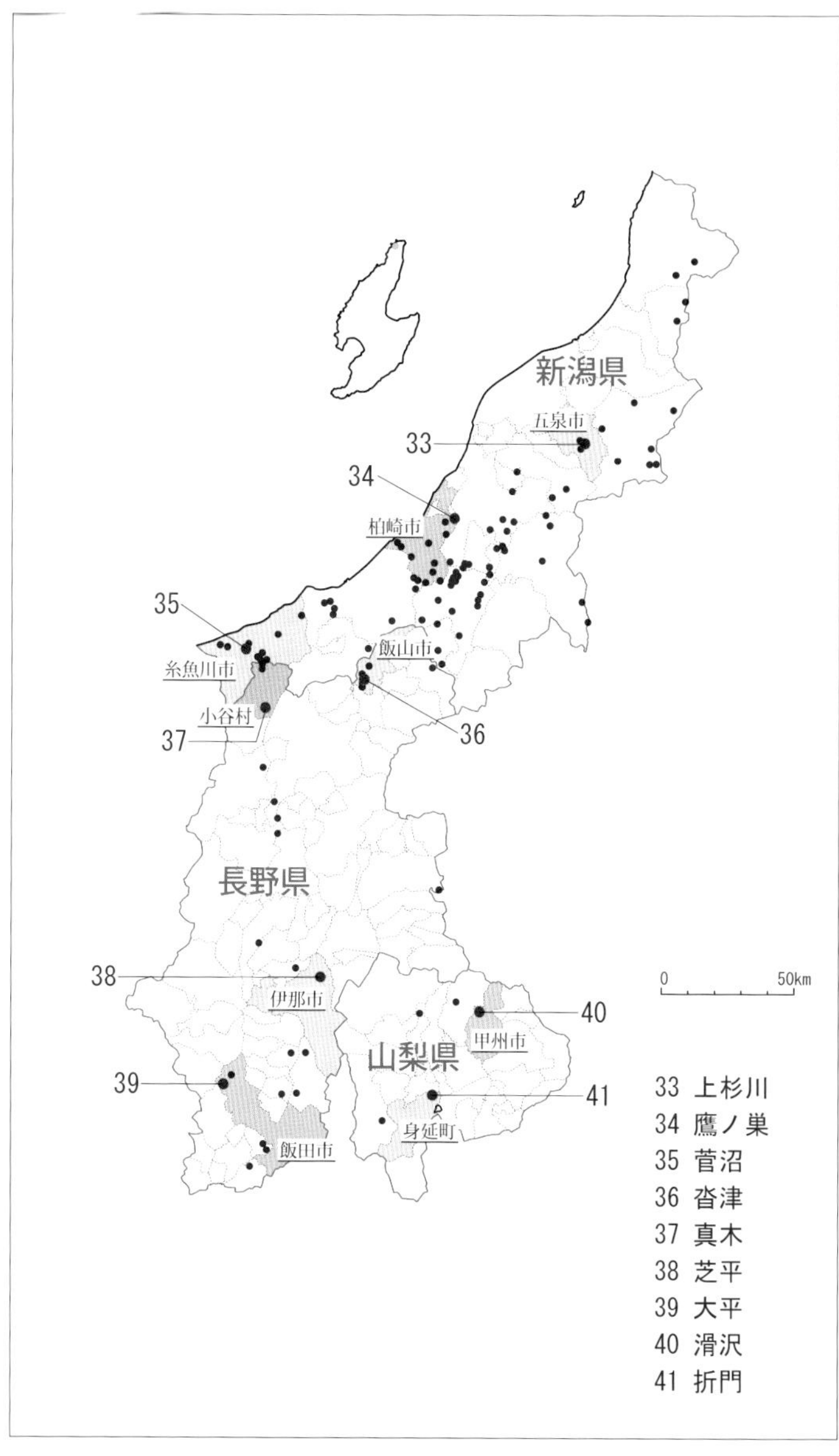
新潟県
長野県
山梨県
五泉市
柏崎市
糸魚川市
飯山市
小谷村
伊那市
飯田市
甲州市
身延町
33
34
35
36
37
38
39
40
41
0
50km
33 上杉川
34 鷹ノ巣
35 菅沼
36 沓津
37 真木
38 芝平
39 大平
40 滑沢
41 折門

33 上杉川（かみすぎかわ）

新潟県五泉市上杉川
戸　数　39戸（昭和40）
移転年　昭和53年（1978年）
個別移転【農山村】

上杉川（かみすぎかわ）は阿賀野（あがの）川水系杉川沿いにあり、標高は１４５ｍ（分校跡）、五泉（ごせん）市街から15㎞（クルマで30分）である。新潟県は積雪量が多く、里に近い農山村の廃村の数が多い。

上杉川には、ＪＲ五泉駅からレンタサイクルで出かけた。杉川にかかる橋を渡り、坂を上ってたどり着いた上杉川（栗山）では、「赤城神社」の石柱と祠が見つかった。川内小学校上杉川分校は、へき地等級１級、児童数71名（昭和34）、明治25年開校、昭和49年閉校。校舎は永く村松町「青少年自然の家」として活用された。神社奥の建物の基礎が「分校跡ではないか」と思ったが、後にやや下手の小中野（こなかの）にあることがわかった。

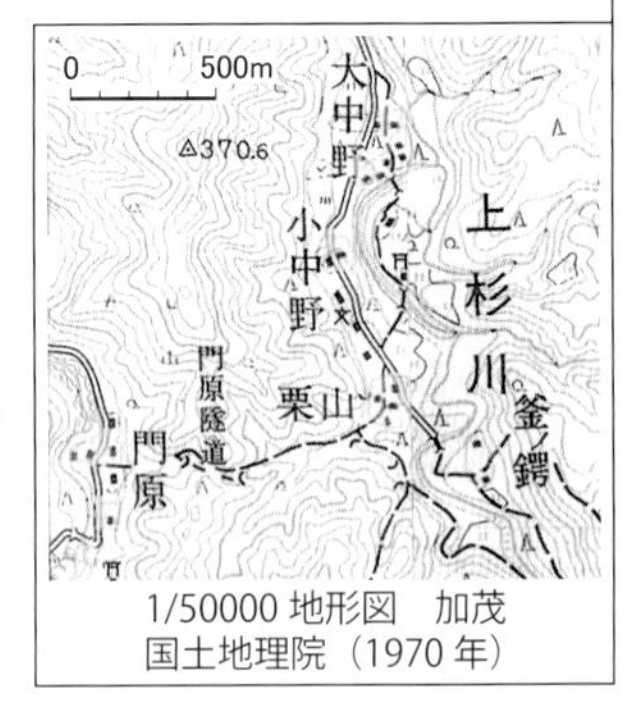

1/50000 地形図　加茂
国土地理院（1970 年）

令和元年の現況

・記念碑	発見できず
・学校跡	発見（整った平地）
・神社	発見（赤城神社跡）
・祠・地蔵等	発見
・寺・墓地等	発見（墓地、墓石）
・家屋	発見（庄屋の館、作業小屋）
・道路状況	舗装
・電線	あり
・田畑	あり（畑）
＊交通手段	レンタカー［単独］

7年後の再訪時は、燕三条駅でクルマを借りて出かけた。カーナビをしかけたら「青少年自然の家」の表示が残っており、分校跡は簡単に見つかった。分校跡では、ドラム缶で火を起こしている方（山崎真一さん）から、「上杉川出身で東京で48年暮らした後、村松に戻った」、「3年前に荒れた状態だった分校跡を仲間と2人で整えた」との旨、話をうかがった。

【平成24年8月18日（土）、令和元年10月5日（土）訪問】

赤城神社・コンクリの祠（平成24年）

分校跡かと思った建物の基礎

分校跡は整えられていた（令和元年）

34 鷹ノ巣（たかのす）

新潟県柏崎市東長鳥字鷹ノ巣
戸　数　30戸（昭和26・5）
移転年　平成元年（1989年）頃
個別移転【農山村】

鷹ノ巣（たかのす）は信濃川水系黒川源流部にあり、標高は144m（冬季分校跡推定地）、JR柏崎駅からは17㎞（クルマで35分）。県道は長岡方面からも通じるが、冬季は両方向通行止になる。

県道からの入口三差路には「鷹之巣 祖霊之碑」が建っていて、集落跡への道は「通行止」となっていた。坂道を下っていくと、つぶれた蔵が見当たった。長鳥（ながとり）小学校（のち北条（きたじょう）北小学校）鷹ノ巣冬季分校は、へき地等級1級、児童数18名（昭和34）、明治8年開校、昭和47年閉校。「分校跡かも」という感じの平地はあったが、確証はもてなかった。小山の頂にある神社跡には、通じる道がはっきりせず、行くことができなかった。

1/50000 地形図　柏崎
国土地理院（1969年）

平成30年の現況

- 記念碑　発見（祖霊之碑、神社跡碑）
- 学校跡　発見できず
- 神社　発見（六柱神社跡）
- 祠・地蔵等　発見
- 寺・墓地等　発見（墓地）
- 家屋　発見（複数の家屋）
- 道路状況　舗装
- 電線　あり
- 田畑　あり（畑）

＊ 交通手段　レンタカー［5月、単独］

その1週間後、神社跡を目指すべく鷹ノ巣を再訪した。心当たりの枝道はさらに分かれていて、山で行き止まりになったり、お墓にたどり着いたりと探索はなんぎした。それでも何とか壊れた鳥居が見つかり、藪となった参道を上ると「六柱（むはしら）神社跡地」と刻まれた石碑が迎えてくれた。二度の探索では相応の時間を費やしたが、誰かに出会うことはなかった。

【平成30年4月29日（土）、同5月6日（日）訪問】

つぶれた蔵をはじめ、建物が多く残る

集落跡には枝道が多数ある

再訪で小山の頂の神社跡に到達した

35 菅沼（すがぬま）

新潟県糸魚川市大谷内（おおやち）字菅沼
戸数　15戸（昭和32）
移転年　昭和50年（1975年）頃
個別移転【農山村】

菅沼（すがぬま）は姫川の水系虫川沿いの段丘面にあり、分校跡の標高は352m、JR糸魚川（いといがわ）駅からは12㎞（クルマで25分）である。徒歩交通の頃は、塩の道（信州への道）が通っていた。

初訪の菅沼は、雨上がりにバイクで出かけた。再訪時は林直樹さん、西連地（さいれんじ）雅樹さん、志穂さんとともにに出かけた。まだ日影に雪が残る菅沼では、5〜6名の地域の方が各自で作業をされていた。今井小学校菅沼分校は、へき地等級2級、児童数7名（昭和34）、明治39年開校、昭和49年閉校。校舎の前でお会いした方（保坂広子さん）は、「生まれ育った故郷の校舎だから、できるだけこのまま残したい」と話された。

1/50000 地形図　小滝
国土地理院（1961年）

平成30年の現況

- 記念碑　発見できず
- 学校跡　発見（校舎、校庭）
- 神社　発見（七社神明社跡）
- 祠・地蔵等　発見（神社の祠）
- 寺・墓地等　発見できず
- 家屋　発見（複数の家屋）
- 道路状況　舗装
- 電線　あり
- 田畑　あり（田畑）

＊ 交通手段　友人の自動車［4名］

10年前にはわからなかった神社跡にも足を運ぶことができた。神社跡ではあるが手入れがなされており、聖域という空気を感じた。「菅沼を訪ねてくれる方がいると、賑やかだった頃を思い出すことができてありがたい」というおばあさんの声は、訪問者としてもありがたかった。

1年半後、実りの様子を見たくて三たび出かけたが、田んぼは刈入れがなされた後だった。

【平成20年8月4日（月）、平成30年4月30日（月祝）、令和元年10月6日（日）訪問】

霧に包まれた分校跡校舎（平成20年）

聖域の雰囲気がある神社跡（平成30年）

刈入れがなされた田んぼ（令和元年）

集落の記憶　新潟県糸魚川市菅沼（いといがわしすがぬま）

◆景観を保つため、親娘で田んぼを耕している

私の家はカメラを買うのは集落一早かったが、牛を耕運機に替えるのは集落一遅かった。雪融けの頃は集落を挙げて熊を狩るため、母熊を射止めたときは子熊を分校で引き取ることがあった。子熊は子犬と同じように、とても可愛かった。

エネルギー革命期（昭和37年頃）を迎え、薪（まき）や炭（すみ）を作る山の暮らしが成り立たなくなり、家々は個別に移転した。私の家は萱葺き屋根とケヤキの大黒柱が古民家好きの方の目に止まり、昭和50年、転居の後、長野県の穂高に移築され、今も別荘として使われているという。

移転の後もお宮さんは守り、春まつりと秋まつりは集落有志が参加して行ってきたが、平成22年、父母世代が「元気なうちに」と、市内の神社に合併した。心に穴があいたようだったが、故郷はかけがえのないもの。市から引き継いだ分校跡の校舎は使いながら守り、集落内の田ん

猪又　厚子さん

昭和34年、糸魚川市菅沼生まれ。中学卒業まで菅沼で暮らす。糸魚川市内在住、菓子店勤務、三児の母

ぼは景観を保つため、父母と私と妹で力を合わせて耕している。子供たちは興味を示さないが、そんな動きに協力してくれる仲間も増えてきた。皇太子ご成婚を祝って分校の校庭に植えたポプラの樹は、60年間の風雪に耐えて大きく育っている。仲間や塩の道を歩き訪ねる方の姿があると、集落が生きている感じがして嬉しい。

【平成31年4月29日（月祝）取材】

牛を使って田んぼを耕す（昭和30年代）

熊は男衆が力をあわせて仕留めた

秋まつりで神社に集う（平成6年）

36 沓津（くつつ）

長野県飯山市静間字沓津
戸　数　26戸（昭和35）
移転年　昭和47年（1972年）
集落再編成事業で移転【農山村】

沓津（くつつ）は信濃川水系清川源流部にあり、標高は663m（分校跡）、飯山市街から7km（クルマで20分）である。飯山市街の標高（315m）は長野県の市街地でいちばん低いが、飯山近辺・千曲（ちくま）川中流部は信州一の豪雪地帯である。

初めての沓津には、妻とのツーリングで出かけた。飯山には4か所の廃校廃村（堂平、沓津、堀越、北峠）があるが、よく手入れがなされ、穏やかな空気が流れる沓津にはたびたび訪ねることになった。12回目は初訪から8年後（平成25年）の秋、早朝にバイクで訪ねた。集落跡は朝霧に包まれていて、見慣れぬ風景の中、なじみの神社へご挨拶に行った。秋津小学校沓津

平成31年の現況

- 記念碑　発見（離村記念碑）
- 学校跡　発見（校舎、校庭、プール）
- 神社　発見（沓津神社ほか）
- 祠・地蔵等　発見
- 寺・墓地等　発見できず
- 家屋　発見（作業小屋）
- 道路状況　舗装
- 電線　あり
- 田畑　あり（田畑）

＊ 交通手段　レンタサイクル［単独］

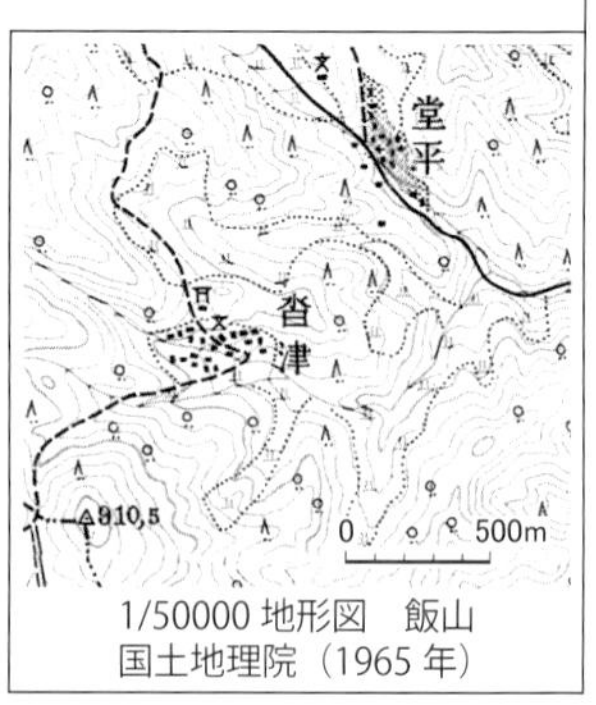

1/50000 地形図　飯山
国土地理院（1965年）

分校は、へき地等級2級、児童数17名（昭和34）、明治18年開校、昭和47年閉校。神社にご挨拶し、公会堂となった校舎に着いた頃には、霧は薄れて朝日が差してきていた。

この6年後（平成31年）のGW、春まつりにあわせて電動アシスト付自転車で出かけたところ、春の進行は例年よりも遅いようで、校舎手前では満開のサクラが迎えてくれた。

【平成17年8月7日（日）、平成31年4月29日（月祝）ほか計13回訪問】

沓津神社にご挨拶（平成25年）

朝日を浴びる分校跡校舎

春まつりの日、満開の桜（平成31年）

37 真木（まき）

長野県小谷村千国（ちくに）乙字真木
戸　数　12戸（昭和46）
移転年　昭和48年（1973年）
集落再編成事業で移転（居住あり）
【農山村】

真木（まき）は姫川水系横根沢源流部にあり、標高は927m（分校跡）、JR南小谷（みなみおたり）駅から4㎞（徒歩で1時間30分）である。離村後に共同生活を行う団体（共働学舎）の方々が移り住み、以来、自給自足の暮らし（夏は主に農耕、冬は機織（はたお）りや木工製品の製作など）の生活を営まれている。

JR新宿駅から特急と普通列車を乗り継ぎ、南小谷駅までは4時間強かかった。南小谷駅からは歩いて真木を目指した。坂を上り峠を越えて谷を越え、たどり着いた真木は日当たりの良い丘の上にあり、萱葺き屋根の家屋が5棟ほど建っていた。真ん中の大きな家屋には、真木共働学舎の表札があった。

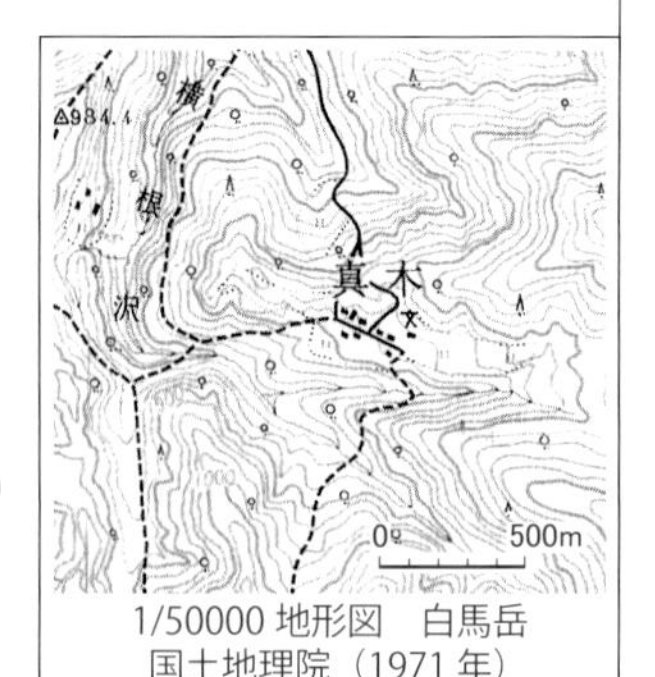

1/50000 地形図　白馬岳
国土地理院（1971年）

平成19年の現況

- 記念碑　発見（分校跡地標柱）
- 学校跡　発見（跡地）
- 神社　発見できず
- 祠・地蔵等　発見
- 寺・墓地等　発見できず
- 家屋　発見（萱葺き屋根の家屋）
- 道路状況　未舗装（クルマは入れない）
- 電線　あり
- 田畑　あり（畑）

＊ 交通手段　鉄道＋徒歩［単独］

南小谷小学校真木分校は、へき地等級2級、児童数6名（昭和34）、明治15年開校、昭和43年閉校。共働学舎の方に教えていただきたどり着いた分校跡には、白文字の標柱が建っていた。丘を下る方向に歩くと、目の前に北アルプスの稜線が広がっていた。往時の雰囲気が色濃く残るのは、生活とクルマが入れない不便さがあるからなのだろう。

【平成19年11月25日（日）訪問】

萱葺き屋根の家屋には「暮らし」がある

分校跡には白文字の標柱が建っていた

目の前に北アルプスの稜線が広がる

38 芝平（しびら）

長野県伊那市高遠町芝平
戸　数　90戸（昭和32・11）
移転年　昭和53年（1978年）
集落再編成事業で移転（居住あり）
【農山村】

芝平は天竜川水系山室川上流部にあり、標高は1109m（分校跡）、伊那市街から22km（クルマで45分）である。集落移転と相まって、主に都市部から新住民が移り住み始めた。今も音楽家、陶芸家など個性がある方々が生活を営まれている。

初めての芝平は、本格的な廃村探索を始める前、ツーリングの道中に偶然立ち寄った。「芝平之里」の碑（離村碑）と生活感がある家々、整った校舎が建つ光景は、強く記憶に残った。三義小学校芝平分校は、へき地等級1級、児童数85名（昭和34）、明治6年開校、昭和40年閉校。校舎が整っているのは、手入れされているからだが、この時は誰かに出会うことはなかった。

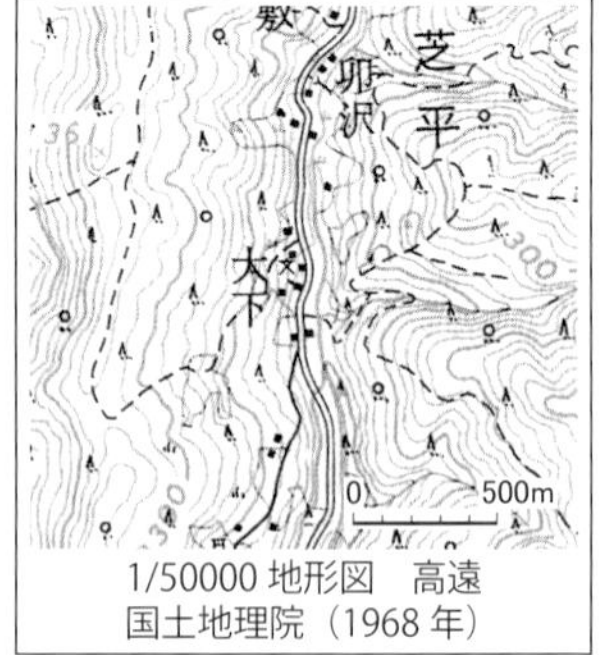

1/50000 地形図　高遠
国土地理院（1968年）

平成19年の現況

- 記念碑　発見（芝平之里の碑ほか）
- 学校跡　発見（校舎、校庭）
- 神社　発見（諏訪神社）
- 祠・地蔵等　発見
- 寺・墓地等　発見できず
- 家屋　発見（複数の現住家屋）
- 道路状況　舗装
- 電線　あり
- 田畑　あり（畑）

＊交通手段　バイク［2名］

2度目、妻とのツーリングで訪ねたとき、家々や校舎の様子はほとんど変わっていなかった。住民の方の姿は見かけたが、挨拶はしなかった。何かとっつきにくい印象を受けた。

4度目、取材で訪ねることで、初めて住民の方々とゆっくり話をすることができた。新住民が暮らす芝平には、互いの生活に干渉しないなど、街のような気質が醸し出されていた。

【平成6年7月18日（月）、平成24年3月4日（日）ほか計4回訪問】

梅雨明け頃の分校跡校舎（平成6年）

初夏の分校跡校舎（平成19年）

冬の校舎と「芝平之里」の碑（平成24年）

39 大平（おおだいら）

長野県飯田市上飯田字大平
戸　数　38戸（昭和35）
移転年　昭和45年（1970年）
集落再編成事業で移転【旅籠町】

大平（おおだいら）は天竜川水系黒川上流部にあり、標高は1147m（学校跡）、飯田市街から18㎞（クルマで38分）である。明治期から大正期にかけて、伊那谷と木曽谷を結ぶ大平街道の旅籠町として栄え、廃村となった今も宿泊できる往時の旅籠が残る。

初めての大平は、妻との大阪帰省ツーリングの往路で立ち寄り、旅籠での宿泊を試みた。しかし、食事・風呂付の元住民の民宿「丸三荘」があったので、民宿泊に切り替えた。大平小学校（のち丸山小学校大平分校）は、へき地等級1級、児童数36名（昭和34）、明治6年開校、昭和45年閉校。公の施設として使われている校舎の前には、集団移住記念碑が建っていた。

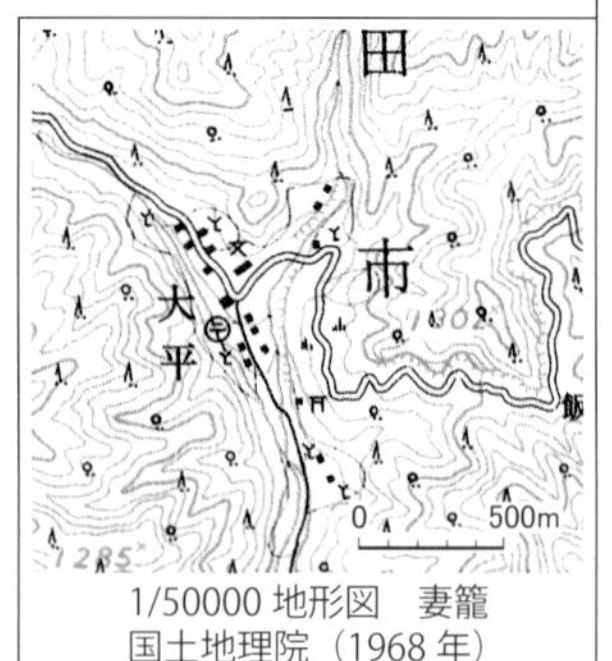

1/50000 地形図　妻籠
国土地理院（1968年）

平成20年の現況

- 記念碑　発見（集団移住記念碑）
- 学校跡　発見（校舎、校庭）
- 神社　発見（諏訪神社）
- 祠・地蔵等　発見
- 寺・墓地等　発見できず
- 家屋　発見（複数の家屋）
- 道路状況　舗装
- 電線　あり
- 田畑　無し

＊交通手段　自動車＋バイク［2名］

　2度目は、愛知県在住の友人佐合（さごう）範彦さんと訪ねた。探索は集団移住記念碑から、小学校跡、旅籠が並ぶ小道、神社の順で進めた。集落の外れ、長い階段を上ると、扉が開け放たれた拝殿が構えていた。最後に地域の方が営む土産物店に入って話をすると、店の方は「戦後の大平に旅籠の仕事はなく、畑と山仕事で生計を立てていた」と教えてくれた。

【平成16年8月11日（水）泊、平成20年4月29日（火祝）訪問】

学校跡校舎と集団移住記念碑（平成20年）

宿泊施設として活用されている往時の旅籠

扉が開け放たれた諏訪神社の拝殿

40 滑沢（なめさわ）

山梨県甲州市塩山小屋敷字滑沢
戸　数　17戸（昭和39・7）
移転年　平成22年（2010年）
個別移転【農山村】

滑沢（なめさわ）は富士川水系滑沢上流部にあり、標高は972m（分校跡）、塩山（えんざん）市街から15㎞（クルマで32分）。林業を生業とする集落は明治40年、御料（ごりょう）林の開放により形成された。

妻とのツーリングで初めて滑沢に訪ねたとき、集落にはおばあさんが住まれており、番犬に吠えられた。松里（まつさと）小学校滑沢分校は、へき地等級2級、児童数16名（昭和34）、明治41年開校、昭和49年より休校。分校の校舎は草木に隠れるように建っており、校舎前でのおばあさんとの会話の中で、「分校には年に一度市の教育委員会関係の方がやってくる」ことがわかった。

5年後、成瀬健太さん（当時東京都内在住）とともに再訪し

平成23年の現況

- 記念碑　発見できず
- 学校跡　発見（校舎、校庭、金次郎像）
- 神社　発見できず
- 祠・地蔵等　発見
- 寺・墓地等　発見できず
- 家屋　発見（複数の家屋）
- 道路状況　舗装
- 電線　あり
- 田畑　無し
- ＊交通手段　バス＋徒歩［2名］

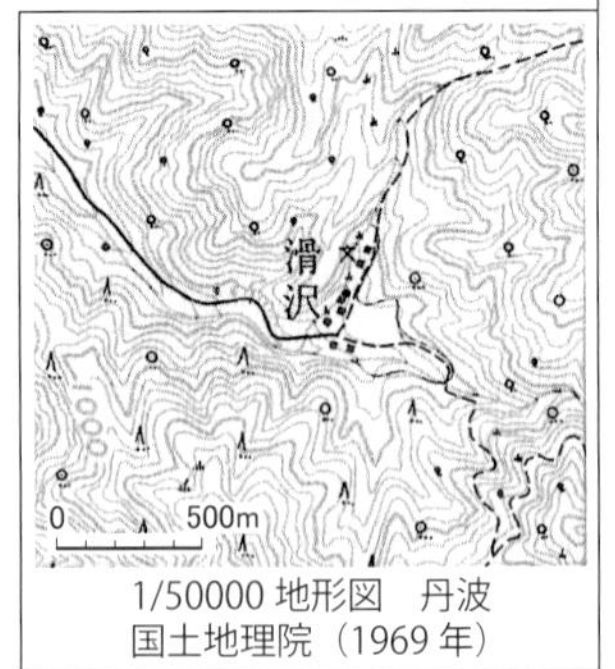

1/50000 地形図　丹波
国土地理院（1969年）

たとき、番犬の姿は見られず、集落に人の気配はなくなっていた。季節柄、分校の校舎はすっきりしており、校庭の隅では、二宮金次郎像と遊具を見つけることができた。今にも崩れそうな家屋を探索すると、昭和30年代の暮らしが偲ばれる日記が見つかった。

滑沢分校は平成24年春（休校38年目）に閉校となり、同時期に校舎は取り壊された。

【平成18年9月24日（日）、平成23年1月3日（月）訪問】

休校33年目の分校跡校舎（平成18年）

二宮金次郎像と遊具（平成23年）

今にも崩れそうな家屋が残る

41 折門（おりかど）

山梨県南巨摩郡身延町折門
戸　数　23戸（昭和38・8）
移転年　平成20年（2008年）
個別移転【農山村】

折門（おりかど）は、富士川水系反木川（そりき）と三沢川の源流部にあり、標高は868m（分校跡）、JR下部（しもべ）温泉駅から21km（クルマで45分）である。大字折門は上折門、下折門、御弟子（みでし）、沢からなる。

初訪の折門は、単独バイクで出かけた。沢（現住集落）で一服し、急傾斜の新しい林道を上るとやがて御弟子（分校所在地）に到着した。古関（ふるせき）小学校折八（おりはち）分校は、へき地等級2級、児童数54名（昭和34）、明治10年開校、昭和48年閉校。分校跡校庭は一部林道と化しており、校舎は上方の平地に建っていたようだ。林道から下方を見ると、茶畑と家屋の屋根が見当たった。

9年後の再訪時は、静岡県在住の旧知の友人田中義信さんと

平成31年の現況

- 記念碑　発見（分校跡の碑ほか）
- 学校跡　発見（平地、石垣）
- 神社　発見（諏訪神社）
- 祠・地蔵等　発見
- 寺・墓地等　発見（墓石）
- 家屋　発見（複数の家屋）
- 道路状況　舗装・未舗装の山道
- 電線　あり
- 田畑　あり（茶畑）
- ＊交通手段　友人の自動車＋徒歩［2名］

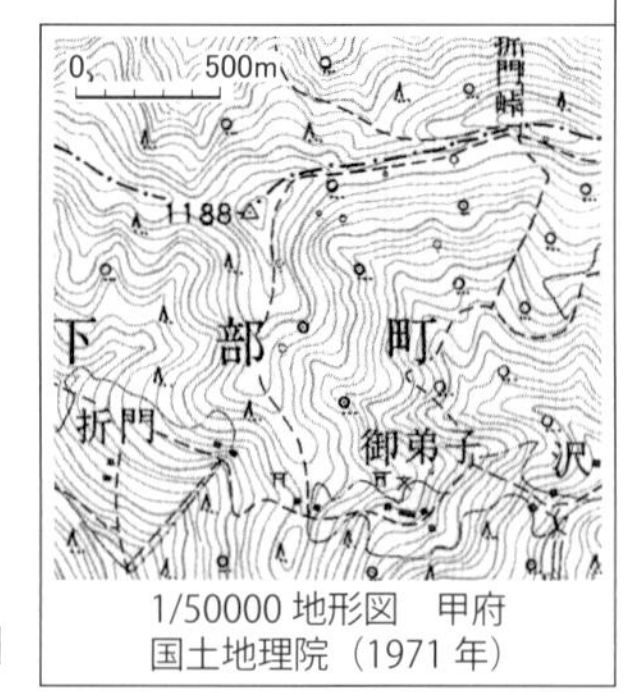

1/50000 地形図　甲府
国土地理院（1971年）

ともに上折門（昭和45年移転）を目指した。碑が建った分校跡から上折門までは山道で1㎞だが、急傾斜の山道には途切れた箇所があり、到着まで1時間かかった。制作協力をしたムック本『廃村をゆく』の表紙画像に載った二階建ての廃屋は、遺跡のように残っていた。往時は近隣の山村からの利用者があったという精米所の機械も、綺麗な状態で残っていた。

【平成22年7月3日（土）、平成31年3月16日（土）訪問】

御弟子・茶畑と家屋の屋根（平成22年）

折八分校跡の碑（平成31年）

上折門・遺跡のような二階建ての廃屋

東　海

東海の廃校廃村は 55 ヵ所で、「廃村千選」全国総数（1,050 ヵ所）の 5.2%にあたる。4 県の中では岐阜県の 40 ヵ所が最も多く、静岡県が 8 ヵ所でこれに次ぐ。

55 ヵ所の分布をみると、福井県と接する岐阜県揖斐川（いびがわ）町、富山県と接する岐阜県飛騨（ひだ）市に集中がみられる。東海の廃村密度は 1.9 ヵ所 / 千 km²である。

地域区分をみると、東海に静岡県を加えない場合がある（東海 3 県）。東海の名称は、五畿七道（飛鳥時代を起源とする日本の広域地域区分）の東海道に由来する。

廃校廃村を産業別にみると、農山村が 96 ヵ所（東海総数の 81.8%）でまとまっている。ダム関係は 18 ヵ所（同 32.7%）と多く、特に岐阜県の 15 ヵ所は県別で最も多い（全国総数は 137 ヵ所）。うち 6 ヵ所は、昭和 62 年まで存続した自治体 徳山村（S.50 の人口 1,445 人）にある。

人口増減率（S.50 － H.27 の 40 年間）をみると、全県増加している。中でも名古屋都市圏（中京圏）を擁する愛知県の増加率が高く、H.22 － H.27 の 5 年間でも増加している。国勢調査人口のピークは、岐阜県が平成 12 年、静岡県と三重県が平成 17 年である。

表 5　東海の人口統計

県名	人口［人］(H.27)	面　積［km²］	人口密度［人／km²］	増減率［%］(H.27/S.50)	廃村数
静岡県	3,700,305	7,777.4	475.8	11.8	8
愛知県	7,483,128	5,172.5	1,446.7	26.3	2
岐阜県	2,031,903	10,621.3	191.3	8.8	40
三重県	1,815,865	5,774.4	314.5	11.7	5
東海　計	15,031,201	29,345.6	512.2	18.1	55

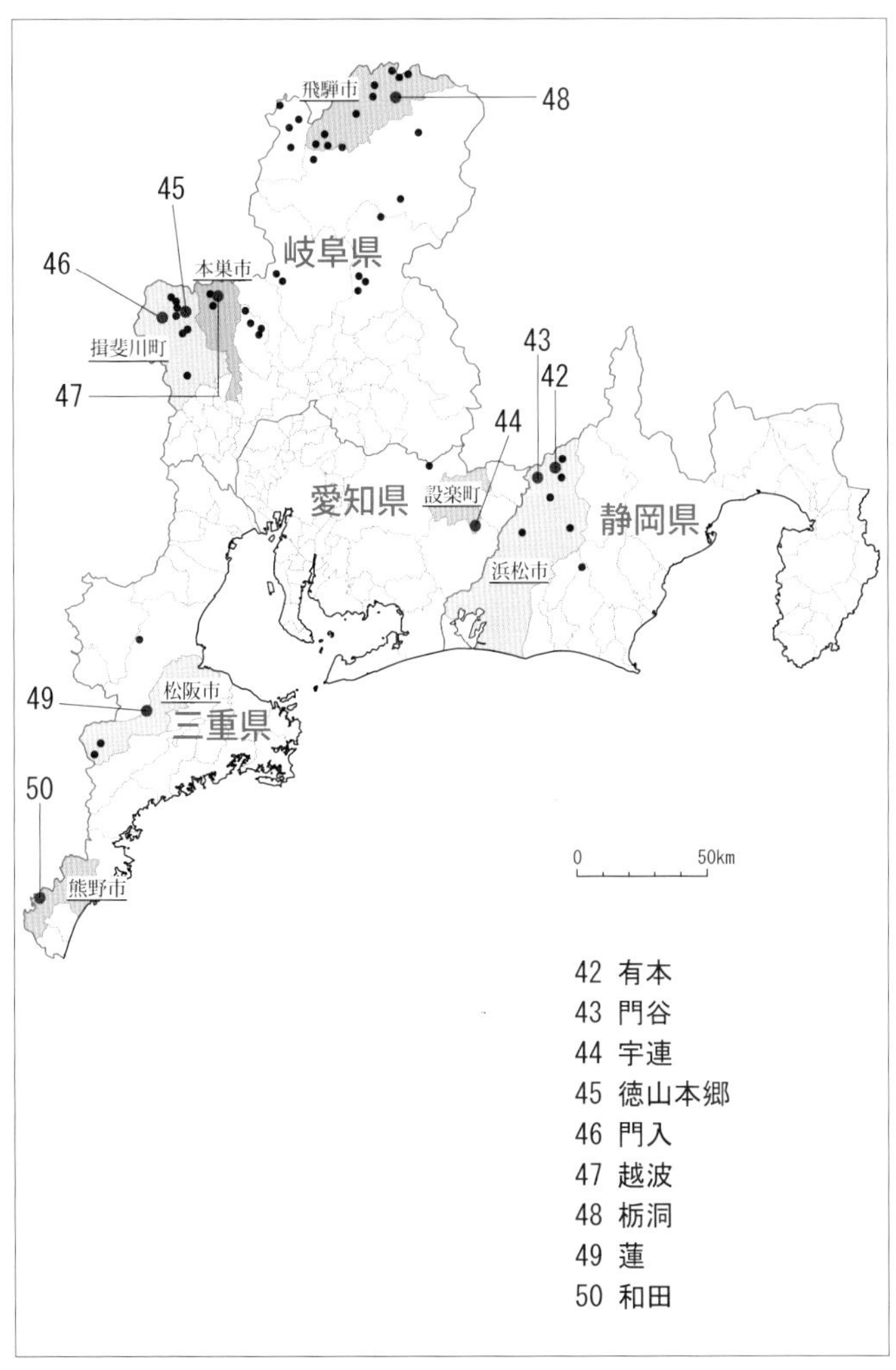
飛騨市
48
45
岐阜県
46
本巣市
揖斐川町
47
43
42
44
愛知県
設楽町
静岡県
浜松市
松阪市
49
三重県
50
熊野市
0
50km
42 有本
43 門谷
44 宇連
45 徳山本郷
46 門入
47 越波
48 栃洞
49 蓮
50 和田

42 有本（ありもと）

静岡県浜松市天竜区水窪町地頭方有本
戸　数　15戸（昭和31・6）
移転年　昭和61年（1986年）
個別移転【農山村】

有本は天竜川水系水窪川上流域にあり、標高は694m（分校跡）、JR水窪駅からは12km（クルマで15分）。集落跡に広がる茶畑は、離村後に転作して作られた。

初訪の有本は、NHK—BSの番組「熱中時間」のロケで出かけた。車道は集落跡の入口までで終わっており、歩道を上がっていくと、南向きの斜面の日当たりはよく、見晴らしもよい。整った茶畑に交じって、ススキに埋もれた畑の跡、大きな母屋、レンガ造りの蔵、しめ縄飾りがある神社なども見られたが、人の気配はなかった。水窪小学校有本分校は、へき地等級2級、児童数29名（昭和34）、明治13年開校、昭和46年休校、

1/50000 地形図　満島
国土地理院（1968年）

平成20年の現況

- 記念碑　発見できず
- 学校跡　発見（平地、石垣）
- 神社　発見（日月神社）
- 祠・地蔵等　発見
- 寺・墓地等　発見できず
- 家屋　発見（整った家屋、廃屋）
- 道路状況　舗装
- 電線　あり
- 田畑　あり（茶畑）

＊交通手段　バイク＋ロケ車［1月、5名］

平成13年閉校。分校跡は更地になっており、「何か痕跡はないかな」と縁を見回すと、門柱が建っていたらしい対になった四角い窪みを見つけることができた。

3度目の有本は、元住民の方（平谷修一さん、横村芳久さん）達とともに出かけた。平谷さんからは「子供のとき、レンガ蔵の敷地の地固めを手伝った」など、話をうかがった。

【平成20年1月19日（土）、同4月28日（月）、平成23年11月26日（土）訪問】

しめ縄飾りがある日月神社（平成20年）

分校跡・対になった窪みを見つける

茶畑とレンガ造りの蔵（平成23年）

43 門谷（かどたに）

静岡県浜松市天竜区水窪町奥領家門谷
戸　数　18戸（昭和31・6）
移転年　昭和47年（1972年）頃
個別移転【農山村】

門谷（かどたに）は天竜川水系門谷川水域の山腹にあり、標高は684m（分校跡）、水窪（みさくぼ）駅からは14㎞（クルマで30分）。天竜峡谷のJR飯田線には複数の秘境駅（無人地帯等の駅）があり、そのひとつ小和田（こわだ）駅からは8㎞（徒歩で2時間15分）である。

初めての門谷は、妻とのツーリングで出かけた。水窪市街から曲がりくねった林道（林道天竜川線、全線舗装）をゆっくり走ってたどり着いた門谷は、山の中にしては見晴らしがよく、農作業の方の姿もみられた。水窪小学校門谷分校は、へき地等級2級、児童数12名（昭和34）、明治12年開校、昭和44年休校、同45年閉校。広葉樹林の中に隠れるように建つ分校跡の校舎に

1/50000 地形図　満島
国土地理院（1968年）

令和元年の現況

- 記念碑　発見（忠魂碑）
- 学校跡　発見（校舎、校庭、遊具）
- 神社　発見（阿弥陀堂）
- 祠・地蔵等　発見
- 寺・墓地等　発見（墓石）
- 家屋　発見（整った家屋）
- 道路状況　舗装
- 電線　あり
- 田畑　あり（茶畑）

交通手段　鉄道＋徒歩［単独］

は、教室に整然と机が並ぶなど、往時の雰囲気を残しながら手が入った様子があった。

12年後の再訪時は、小和田駅からの山道と林道を単独で歩いた。駅―分校跡間は４００ｍの標高差があり、歩き応えは満点だった。丹念に見ることができたため、今回、新たに忠魂碑を見つけることができた。道中、林道を走るクルマとは一台も出会わなかった。

【平成19年5月12日（土）、令和元年8月18日（日）訪問】

隠れるように建つ分校跡校舎（平成19年）

教室には整然と机が並んでいた

傷みながらも整然とした教室（令和元年）

44 宇連（うれ）

愛知県北設楽郡設楽町川合字嶋
戸数 13戸（昭和32・7）
移転年 昭和45年（1970年）頃
個別移転【農山村】

宇連（うれ）は三河湾に注ぐ豊川の水系宇連川最上流部にあり、分校跡の標高は382m、JR本長篠（ほんながしの）駅からは25km（クルマで50分）、設楽（したら）町中心部からは41km（1時間20分）かかる。三遠南信（さんえんなんしん）地域の「ウレ」は谷間、行き詰まりを表す方言という。

宇連には、愛知県在住の友人 水上みなみさん、井手口征哉（まさや）さんと妻の4名で出かけた。ダム湖を越えて、急な坂道の箇所からは歩いて進むと、やがて新しい物置と往時の家屋が並んでおり、物置前のサクラはわずかにつぼみを開いていた。段々畑の跡を横目にさらに進むと、川の向こうに神社が見当たった。橋の左には滝があり、鳥居と滝は並んでいるようだった。

平成19年の現況

- 記念碑　発見（林道竣工記念碑）
- 学校跡　発見（校舎）
- 神社　発見（諏訪神社）
- 祠・地蔵等　発見
- 寺・墓地等　発見できず
- 家屋　発見（整った家屋）
- 道路状況　舗装
- 電線　あり
- 田畑　無し

＊交通手段　友人の自動車［4名］

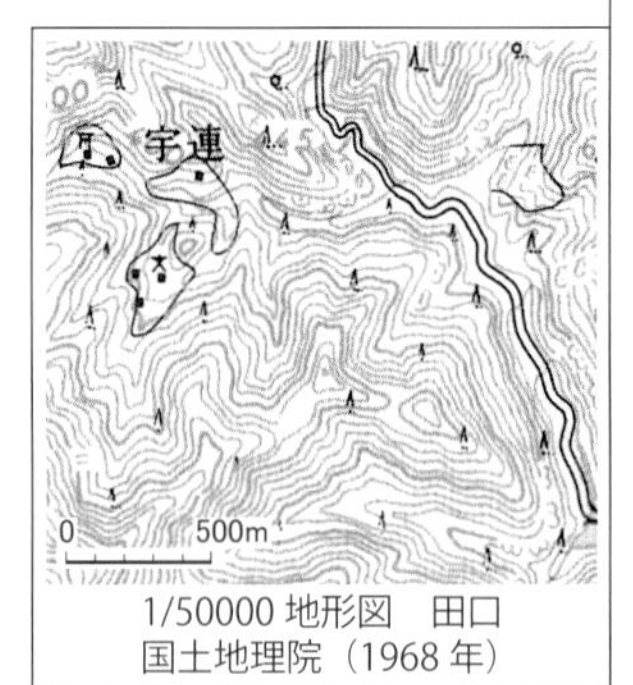

1/50000 地形図　田口
国土地理院（1968年）

神田小学校宇連分校は、へき地等級４級、児童数11名（昭和34）、昭和22年開校、同42年閉校。
神社からの戻り道、分校跡を目指してダートの脇道を入り、プレハブの建物のあたりから杉林の中を探索すると、行く手に古びた木造校舎が見つかった。校舎には「ほんをよむしせい」などの貼り紙があり、昭和の頃にタイムスリップをしたような気分になった。

【平成19年３月25日（日）訪問】

新しい物置と往時の家屋が並ぶ

諏訪神社は、滝と並んで建っている

杉林の中に、分校跡校舎が見つかった

45 徳山本郷（とくやまほんごう）

岐阜県揖斐郡揖斐川町徳山
戸　数　147戸（昭38・7）
移転年　昭和62年（1987年）
ダム建設のため移転【農山村】
※徳山村は499戸（昭和38）

徳山本郷（とくやまほんごう）は揖斐（いび）川上流域にあり、標高は360m（小学校跡）、揖斐川町中心部からは35㎞（クルマで1時間10分）。本郷など8集落あった揖斐郡徳山村（昭和62年編入で藤橋村）は徳山ダム（平成19年竣工）建設のため自治体規模で廃村となった。ダム湖（徳山湖）の貯水量は、日本一の規模を誇る。

初めての徳山村は、離村後まもなく目指して訪ねた。人の姿がない学校跡には「藤橋小学校本郷分校」の貼り紙があった。

3度目（平成12年）は、全国的な廃村探索を開始するにあたり8つの集落跡すべてを訪ねた。徳山小学校は、へき地等級1級、児童数173名（昭和34）、明治6年開校、昭和62年休校、

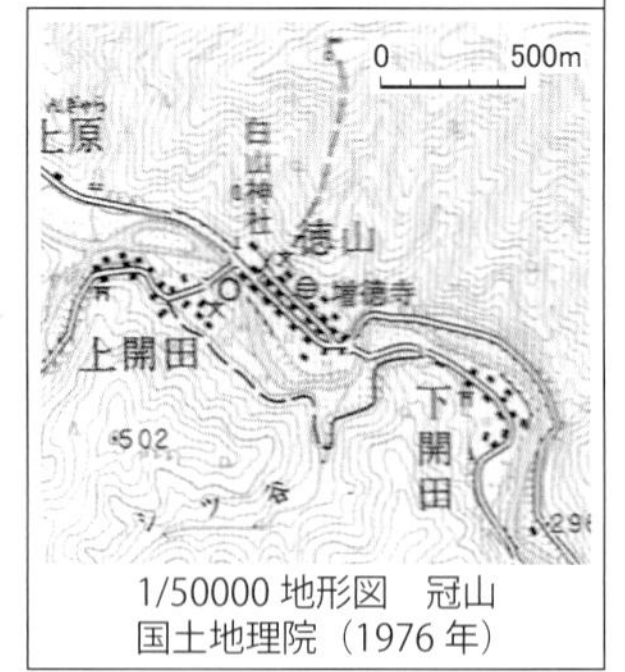

1/50000 地形図　冠山
国土地理院（1976年）

平成12年の現況

- 記念碑　発見（ふるさとの碑）
- 学校跡　発見（校舎、門柱、校庭）
- 神社　発見（白山神社跡）
- 祠・地蔵等　発見
- 寺・墓地等　発見できず　＊かつて寺あり
- 家屋　発見（作業小屋）
- 道路状況　舗装
- 電線　あり
- 田畑　あり（小さな畑）

＊交通手段　バイク［単独］

平成４年閉校。村役場があった本郷で唯一往時の雰囲気が残るＲＣ三階建ての校舎だが、校名板がない門柱、荒れた運動場は、村がなくなってからの時の経過を知らせていた。校舎の中に入ると、教室には「徳山しずまないでくれ」の大きな板書があった。

７度目（平成28年）の訪問時、高台から見下ろした徳山湖は穏やかな表情をしていた。

【昭和62年12月5日（土）、令和元年5月2日（木）ほか計８回訪問】

集落跡に残る学校跡校舎（平成12年）

教室・「徳山しずまないでくれ」の板書

竣工から９年目の徳山湖（平成28年）

集落の記憶　岐阜県揖斐川町徳山本郷

◆踊りを通じて、村の文化を後世に伝えたい

四方を山に囲まれ、町から遠く離れた徳山村には独自の文化が発達し、言葉は8つある集落ごとに微妙に違った。徳山本郷は、近隣の村々の集落の中でいちばん大きく、村役場や郵便局、旅館、銀行、パチンコ店があって、市街地の雰囲気があった。

各集落では家々が密集して建っていたため連帯感は強かったが、火事には弱く、何度か大火が起こった。また、雪を片付ける場所が限られるため、大雪のときは下ろした雪を踏み固めて何とかすることがあった。生まれ育った山手は40戸ほどの集落で、ダム建設に伴う移転は比較的早い昭和60年に行われた。しかし、本郷で土方をして各所に足を運んでいた私は、村中の事情に詳しかったため、資料収集の仕事が与えられ、徳山村がなくなった昭和62年まで元の家で暮らした。家を取り壊すことで収集できた紙漉き用の大きな釜は印象深い。

小西 順二郎さん

昭和21年徳山村山手生まれ。徳山中学校卒業後、本郷で建設業に従事する。昭和62年揖斐川町に移転今は徳山にかつてあった村の文化を後世に伝えていくため、徳山おどりの伝承に力を注いでいる。東京近辺に住む村に関わりがない若い世代（徳山おどり東京支部）の方々の動きが励みになっている。メンバーの誘いで東京に出て、銀座の雑踏の中で踊った即興の踊りは最高だった。徳山村にゆかりがある両国の徳之山稲荷神社にもお参りすることができた。

【平成31年3月17日（日）取材】

揖斐川東谷と山手橋（平成18年8月）

最終年度の徳山小学校（昭和61年）*

湖水が迫る徳山小学校（平成18年11月）

*『増山たづ子　徳山村写真全記録』（増山たづ子著、影書房）より転載

46 門入（かどにゅう）

岐阜県揖斐郡揖斐川町門入
戸　数　43戸（昭38・7）
移転年　昭和62年（1987年）
ダム建設のため移転【農山村】
※単独行は勧めない

門入（かどにゅう）は揖斐（いび）川の支流西谷上流域にあり、標高は440m（分校跡）、徳山本郷との距離は14㎞だった。徳山村の集落で唯一水没を免れたが、車道が水没したため、揖斐川町中心部からはホハレ峠経由44㎞、クルマ＋徒歩で3時間30分かかる。

初めて門入を訪ねた時、印象に残ったのは比較的穏やかな雰囲気と往時からの家屋、真新しい事業用地管理棟だった。

3度目（平成19年）は、ダムが水をため始めて1年目、水上さん夫妻など4名で現地キャンプを試みた。ホハレ峠から門入は6㎞、道なき道を下ること2時間、たどり着いた八幡神社跡には、水資源機構が整えた四阿（あずまや）と集落略史碑が建っていた。

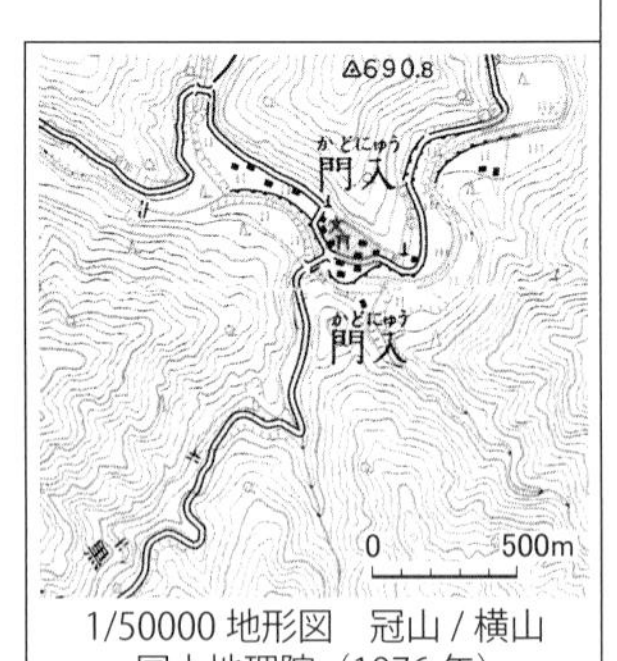

1/50000 地形図　冠山 / 横山
国土地理院（1976 年）

平成19年の現況

- 記念碑　発見（集落略史碑）
- 学校跡　発見（平地）
- 神社　発見（八幡神社跡）
- 祠・地蔵等　発見
- 寺・墓地等　発見できず　＊かつて道場あり
- 家屋　発見（整った家屋、ログハウスなど）
- 道路状況　山道＋舗装道
- 電線　無し
- 田畑　無し

＊交通手段　友人の自動車＋徒歩［4名］

徳山小学校門入分校は、へき地等級5級、児童数39名（昭和34）、明治6年開校、昭和62年閉校。初訪時に分校跡の匂いを感じた金網は失われていた。事業用地管理棟は古くなりながらも残っており、そばには水資源機構の新しい建物が作られようとしていた。往時の建物跡には新しいログハウスが建ち、そばでは花が供えられたお地蔵さんが見守っていた。

【平成12年5月2日（火）、平成18年8月6日（日）、平成19年10月6日（土）泊訪問】

ホハレ峠から門入へ続く山道（平成19年）

水資源機構が整えた四阿と集落略史碑

新しいログハウスをお地蔵さんが見守る

47 越波（おっぱ）

岐阜県本巣市根尾越波
戸　数　46戸（昭25・10）
移転年　昭和45年（1970年）
冬季無住　【農山村】

越波は揖斐川の支流根尾西谷川上流域にあり、分校跡の標高は413m、樽見鉄道樽見駅（根尾村中心部）からは能郷経由21km（クルマで50分）だが渓谷区間に通行止が多いため、上大須経由26km（同1時間）のほうがよく使われている。

根尾村は、その穏やかな山村風景が気に入って、昭和62年から平成4年にかけて、計5回ツーリングで足を運んでいる。筆者は越波を初めて訪ねた時（昭和63年秋）の印象を、「本当に何もなさそうな山の中にポツンとある集落」と記している。黒津小学校（のち長嶺小学校）越波分校は、へき地等級3級、児童数24名(昭和34)、明治24年開校、昭和56年閉校。公民館となっ

1/50000 地形図　能郷白山
国土地理院（1973年）

令和元年の現況

・記念碑　発見（歌碑）
・学校跡　発見（校舎、校庭）
・神社　発見（八幡神社）
・祠・地蔵等　発見
・寺・墓地等　発見（願養寺）
・家屋　発見（整った家屋）
・道路状況　舗装
・電線　あり
・田畑　あり（畑）
＊交通手段　レンタカー［2名］

た校舎前でおばあさんが豆の皮むきをしていたので、ご挨拶をして一緒に皮むきしながら話をしたところ「冬の間は家を閉めて里へと下りる」ことを教えていただいた。

19年ぶり、ＧＷに妻と再訪したとき、校舎は「村民の館」として改装されていた。訪問時、集落の掲示板にはふるさと便りと年間行事表が貼られており、寺は維持管理され整っていた。

【昭和63年11月3日（土）、令和元年5月2日（木）ほか計5回訪問】

川の流れのそばに家屋が建つ（昭和63年）

分校跡校舎と運動場（平成12年）

維持管理された願養寺（令和元年）

48 栃洞（とちぼら）

岐阜県飛騨市神岡町和佐保字前平ほか
戸　数　878戸（昭43・9）
移転年　平成8年（1996年）頃
事業の合理化で移転【鉱山集落】

栃洞は神通川水系高原川流域の山腹部にあり、学校跡の標高は859m、神岡市街からは10km（クルマで20分）である。亜鉛を主鉱物とする神岡鉱山は、平成13年まで存続した。

初めての栃洞は、雪が降る中CBCのラジオロケで出かけたが、学校跡がある前平には行くことができず、手前の南平にある寺、火の見やぐら、鉱員住宅跡を訪ねるにとどまった。

2回目は秋の日、水上さん夫妻とバイク3台で訪ねた。鉱山神社の入口付近にバイクを停めて探索すると、まず器具の倉庫と保育所跡の建物が見られた。栃洞小学校は、へき地等級無級、児童数842名（昭和34）、明治29年開校、昭和58年閉校。舗

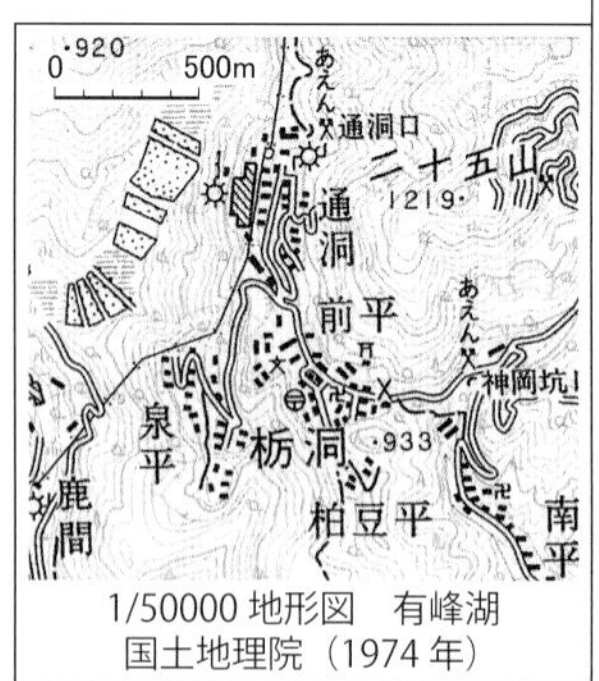

1/50000 地形図　有峰湖
国土地理院（1974年）

平成25年の現況

- 記念碑　発見（学校跡の碑）
- 学校跡　発見（跡地）
- 神社　発見できず　＊鉱山神社あり
- 祠・地蔵等　発見
- 寺・墓地等　発見（光圓寺）
- 家屋　発見（多数の家屋）
- 道路状況　舗装
- 電線　あり
- 田畑　無し

＊交通手段　バイク［3名］

装された学校跡地には、ブルーシートに覆われた廃バッテリーが置かれていた。旗ポールのそばには「栃洞学校碑」という記念碑が建っていた。その裏手には「銀嶺会館」という福利厚生施設の大きな建物が残っていた。さらに鉱山労組の事務所跡、理容室跡、栃洞坑入口あたりまで歩いたが、選鉱場跡や鉱員アパート跡に近づく気にはならなかった。

【平成21年2月1日（土）、平成25年10月13日（日）訪問】

火の見やぐらと鉱員住宅跡（平成21年）

学校跡地と廃バッテリー（平成25年）

理容室跡と鉱山労組の事務所跡

49

蓮(はちす)

三重県松阪市飯高町蓮
戸　数　59戸（昭和35）
移転年　昭和63年（1988年）頃
ダム建設のため移転【農山村】

蓮(はちす)は伊勢湾に注ぐ櫛田川水系蓮川沿いにあり、分校跡の標高は410m、松阪市街からは58㎞（クルマで1時間55分）である。蓮ダム（平成3年竣工）建設のための離村だが、集落跡はダム湖（奥香肌湖(おくかはだこ)）よりも奥にあり、水没していない。

蓮には、友人の井手口さんと二人で出かけた。奥香肌湖を過ぎてしばらくすると、ブロック塀がある廃屋が建っていたが、そこは三軒屋という手前の廃村だった。クルマを停めて2㎞先の蓮を目指して歩くと、道中、お地蔵さんの前では、地域の方があげたばかりの線香が煙をあげていた。やがて集落内の三差路の箇所に「蓮」と記された古びた案内板が見つかった。

1/50000 地形図　高見山
国土地理院（1970年）

平成26年の現況

- 記念碑　発見できず
- 学校跡　発見（跡地、オブジェ）
- 神社　発見（蓮里滝神社跡）
- 祠・地蔵等　発見
- 寺・墓地等　発見できず
- 家屋　発見（複数の家屋）
- 道路状況　舗装
- 電線　無し
- 田畑　無し

＊交通手段　レンタカー［2名］

森小学校蓮分校は、へき地等級2級、児童数66名（昭和34）、明治18年開校、昭和46年閉校。分校跡と思われる平地ではコンクリート製のオブジェが見られた。平地の先、川沿いに上がった場所では、複数の流し、風呂跡などが見つかった。スギ林の中に混ざった植林がない空間は、「ここに集落があった」ことを伝えようとしているようでもあった。

【平成26年3月21日（金祝）訪問】

三差路に建つ「蓮」と記された案内版

スギ林の中に残る家屋と流しの跡

植林がない空間に残る流しと家屋跡

50 和田（わだ）

三重県熊野市紀和町小森字和田
戸　数　19戸（昭和27・12）
移転年　昭和42年（1967年）頃
個別移転【農山村】

和田（わだ）は太平洋に注ぐ熊野川の水系北山川の渓谷（奥瀞峡（おくとろ））沿いにあり、学校跡の標高は164m、JR熊野市駅からは30km（クルマで1時間）である。川を挟んだ和歌山県の大きな飛地北山村小松とは1km（徒歩で20分）ほどの距離にある。

和田には体育の日の頃、盟友 村影弥太郎さんと2人で出かけた。小松にクルマを停めて吊り橋を渡ると、三重県側から続く道に合流し、300mほど歩くと下和田に到着した。杉が生い茂った集落跡には多数の石垣や屋敷跡があり、往時の家屋も見られた。さらに300mほど細い枝道を上がった上和田に建つ木造家屋は、今も使われているような雰囲気があった。

平成22年の現況

- 記念碑　発見（学校跡地碑、顕彰碑）
- 学校跡　発見（校庭、便所）
- 神社　発見できず
- 祠・地蔵等　発見
- 寺・墓地等　発見（墓石）
- 家屋　発見（整った家屋、廃屋）
- 道路状況　舗装・未舗装混在
- 電線　あり
- 田畑　無し
- ＊交通手段　友人の自動車［2名］

1/50000 地形図　十津川
国土地理院（1970年）

和田小学校（のち西山小学校和田分校）は、へき地等級2級、児童数9名（昭和34）、大正11年開校、昭和39年閉校。ゆるやかな石段を登り切ると「和田小学校跡地」と刻まれた碑が迎えてくれた。二段に分かれた敷地の上段の隅には、便所の建物が残されていた。学校跡からは下りの道筋をたどって進むと、木造の廃屋、かまどや五右衛門風呂が見つかった。

【平成22年10月10日（日）訪問】

杉林の中に往時の家屋が残る

学校跡へとゆるやかな石段が続く

水が入った五右衛門風呂が見つかった

北　陸

北陸の廃校廃村は 115 ヵ所で、「廃村千選」全国総数（1,050 ヵ所）の 11.0%にあたる。3 県の中では富山県の 42 ヵ所が多く、福井県の 37 ヵ所がこれに次ぐ。

115 ヵ所の分布をみると、富山県南砺（なんと）市、石川県白山（はくさん）市、福井県大野市など、山間に集中している自治体が複数ある。北陸の廃村密度は 9.1 ヵ所 / 千 km²と、他の地方に比べて著しく高い。また、富山県の 9.9 ヵ所 / 千 km²は県別で最も高い。

北陸は、従来、関西とのつながりが深いが、平成 27 年、北陸新幹線が石川県金沢市まで開通するなど、近年、関東とのつながりが強くなってきている感がある。日本海側で積雪が多く、かつては多くの冬季分校があった。また、石川県白山山麓では、出作（でつく）り集落（主に春夏秋に山中で焼畑や炭焼きなどをして暮らす集落）が昭和 40 年代まで存続した。

廃校廃村を産業別にみると、農山村が 107 ヵ所（北陸総数の 93.0%）でよくまとまっている。ダム関係は 23 ヵ所（同 32.7%）と多く、特に福井県の 12 ヵ所は県別で全国 2 番目に多い。

人口増減率（S.50 − H.27 の 40 年間）をみると、富山県でやや減少している。国勢調査人口のピークは、富山県が平成 7 年、石川県と福井県が平成 12 年である。

表 6　北陸の人口統計

県名	人口［人］(H.27)	面　積［km²］	人口密度［人／km²］	増減率［%］(H.27/S.50)	廃村数
富山県	1,066,328	4,247.6	251.0	△ 0.4	42
石川県	1,154,008	4,186.1	275.7	7.9	36
福井県	786,740	4,190.5	187.7	1.4	37
北陸　計	3,007,076	12,624.2	238.2	3.1	115

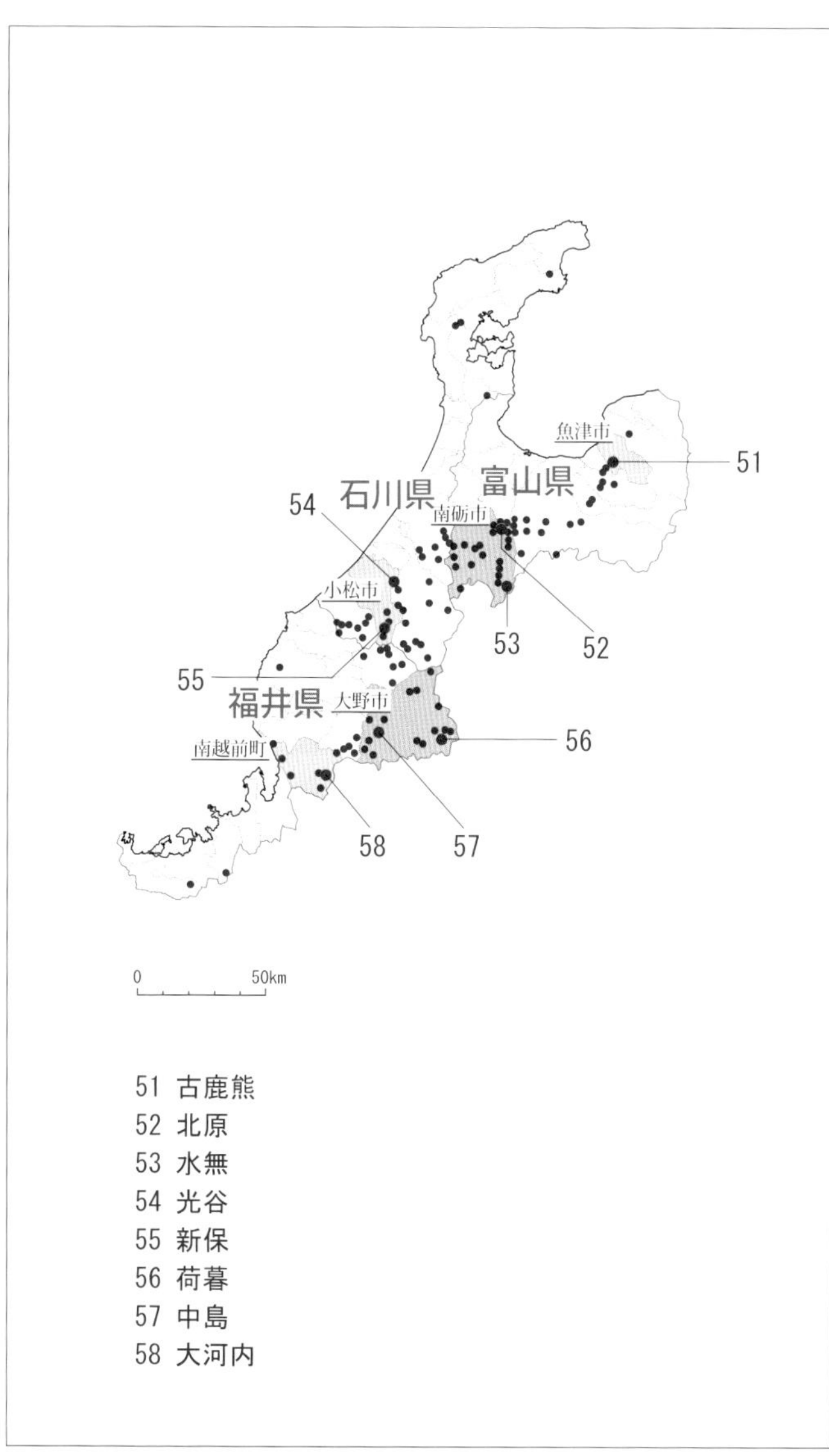
魚津市
51
石川県
富山県
54
南砺市
小松市
53
52
55
福井県
大野市
56
南越前町
58
57
0
50km
51 古鹿熊
52 北原
53 水無
54 光谷
55 新保
56 荷暮
57 中島
58 大河内

51 古鹿熊（ふるかくま）

富山県魚津市古鹿熊
戸　数　27戸（昭和43・10）
移転年　昭和47年（1972年）
集団移転【農山村】

古鹿熊（ふるかくま）は富山湾に注ぐ角川（かど）上流部にあり、標高は308m（分校跡）、魚津（うおづ）市街から14㎞（クルマで30分）である。書籍『村の記憶』には「古鹿熊という地名は、未開拓時代に鹿や熊が住み、たびたび出没していたことからつけられた」とある。

初訪の古鹿熊は、梅雨の頃に単独で出かけた。県道の急な坂を上り詰めた場所には「古鹿熊ふるさと会館」が建っており、会館の向かいには個人の顕彰碑と仏様の像があった。松倉小学校古鹿熊分校は、へき地等級2級、児童数44名（昭和34）、明治34年開校、昭和47年閉校。会館は教員住宅を改装した建物で、分校跡には四阿（あずまや）が建っていた。その後、分校跡よりも山側でク

平成31年の現況

- 記念碑　発見（個人の顕彰碑ほか）
- 学校跡　発見（四阿、平地）
- 神社　発見（春日社）
- 祠・地蔵等　発見（仏様）
- 寺・墓地等　発見できず　＊かつて寺あり
- 家屋　発見（ふるさと会館）
- 道路状況　舗装
- 電線　あり
- 田畑　無し

＊交通手段　レンタカー＋徒歩［単独］

1/50000 地形図　魚津
国土地理院（1967年）

マらしき動物に遭遇し、さらに戻り着いた会館で石垣に潜むマムシに遭遇したため、草の中を探索する気にならなくなった。探索でクマと遭遇したのは初めてのことだった。

５年後、ＧＷに再訪した古鹿熊では、道路通行止のため往復７㎞歩かなければならなかったが、神社を見つけてリベンジを果たした。二度とも誰かに出会うことはなかった。

【平成26年7月14日（月）、平成31年4月30日（火）訪問】

教住を改装したふるさと会館（平成26年）

ハスの花の上に座った仏様が見守る

神社は急斜面上にあった（平成31年）

52 北原（きたばら）

富山県南砺市利賀村北原
戸　数　4戸（昭和29・9）
移転年　昭和46年（1971年）頃
個別移転（民宿あり）【農山村】

北原は富山湾に注ぐ庄川の中流域の山腹にあり、分校跡の標高は335m、利賀村中心部から小牧堰堤経由で25km、井波市街からは11km（クルマで22分）。利賀村の口山地区（北原、下原、栃原など）は、市街地に近いが過疎の進行が著しい。

初めての北原には、積雪期、JR高岡駅からバス、タクシー、送迎のクルマを乗り継いで出かけた。往時からの家屋が民宿「利賀乃家」となっており、一泊して探索は翌朝に行った。利賀小学校北原分校は、へき地等級2級、児童数18名（昭和34）、明治35年開校、昭和46年休校、同60年閉校。宿の主人（吉田與十郎さん）に尋ねると、「分校跡は宿の目の前の平地」とのこと。

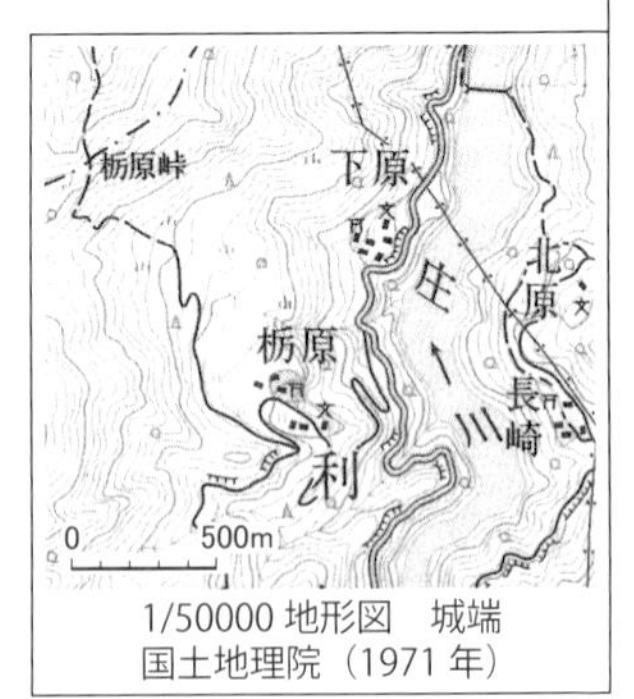

1/50000 地形図　城端
国土地理院（1971 年）

平成21年の現況

- 記念碑　発見（川魚供養塔）
- 学校跡　発見（平地）
- 神社　発見（八幡社）
- 祠・地蔵等　発見
- 寺・墓地等　発見
- 家屋　発見（民宿、蔵）
- 道路状況　舗装
- 電線　あり
- 田畑　無し

＊交通手段　バス＋タクシーなど［単独］

宿の対面にある蔵の後方は真っ白な雪原で、草木のない広がりは「確かに分校跡」と思った。引き締まった雪原の上を歩くと、左手の茂みの中に神社が見つかったので、ご挨拶をした。

利賀村には13ヵ所の廃校廃村が集中しており（平成の大合併前では日本一の数、大合併後は南砺（なんと）市の22ヵ所が日本一）、北原の民宿にはその後も4回泊まっている。

【平成21年2月1日（日）泊、平成29年11月3日（金祝）泊ほか計5回訪問】

分校跡から見た「利賀乃家」（平成21年）

引き締まった雪中に建つ八幡社の鳥居

八幡社から見た分校跡（平成29年）

53 水無（みずなし）

富山県南砺市利賀村水無
戸　数　14戸（昭和29・9）
移転年　昭和45年（1970年）
個別移転【農山村】

水無（みずなし）は庄川水系水無谷沿いにあり、標高は940m（分校跡）。利賀（とが）村中心部から上百瀬（かみももせ）経由で19km（クルマで1時間）。水無という地名に反して、水の豊富な山のまっ只中にある。

水無には、利賀村中心部から利賀川・水無谷に沿った県道が通じている。手前8kmの集落（廃村）奥大勘場（おくたいかんば）には「通行止」を示す電子掲示板が建っており、おそるおそる進んだところ、林道が分岐する箇所で県道はゲートに閉ざされていた。

その9か月後、リベンジの時は、上百瀬を経由する峰越えの林道を使った。荒れた林道の先だったが、集落跡には整った家屋が建っており、背後の平地には跡地碑が建っていた。水無天

1/50000 地形図　白木峰
国土地理院（1968年）

平成30年の現況

- 記念碑　発見（家屋跡地碑）
- 学校跡　発見できず
- 神社　発見（水無天満宮）
- 祠・地蔵等　発見できず
- 寺・墓地等　発見できず
- 家屋　発見（家屋、雨量計測所）
- 道路状況　舗装・未舗装混在
- 電線　無し
- 田畑　無し

＊交通手段　レンタカー［単独］

満宮の長い階段を上ると、コンクリ製のご本尊が奉られていた。利賀小学校水無分校は、へき地等級5級、児童数9名（昭和34）、昭和5年開校、同40年休校、同42年閉校。県道から心当たりの場所へ向かう枝道に入って歩いたが、気配は感じられなかった。お盆前の利賀村山間部は、クルマを停める度にオロロ（小型のアブ）が集まってきてたいへんだった。

【平成30年8月5日（日）訪問】

へき地５級の山中に整った家屋が建つ

家屋背後の平地に建つ跡地碑

長い階段がある水無天満宮

54 光谷（みつたに）

石川県小松市光谷町
戸　数　22戸（昭和38）
移転年　昭和39年（1964年）
個別移転【農山村】

光谷（みつたに）は日本海に注ぐ梯（かけはし）川支流源流部にあり、分校跡の標高は213m。JR小松駅から17㎞（クルマで35分）である。三八（さんぱち）豪雪（昭和38年1月の豪雪）の被害を契機に離村した。

初訪の光谷は、雨の中、単独で出かけた。光谷越のトンネルを抜け、雨でなくても暗そうな森の中の道を進むと、ほどなく赤い屋根の「ふるさとセンター」が見つかった。松岡小学校三ッ谷分校は、へき地等級3級、児童数13名（昭和34）、明治18年開校、昭和39年閉校。建物の壁には往時の光谷の住宅配置図が貼られていて、屋号入りの家屋、共同浴場、分校が記されていた。この地図からクルマを停めた場所が分校跡だとわかった。

平成29年の現況

- 記念碑　発見（光谷の記の碑ほか）
- 学校跡　発見（平地）
- 神社　発見（水上神社跡）
- 祠・地蔵等　発見
- 寺・墓地等　発見できず
- 家屋　発見できず
- 道路状況　舗装
- 電線　無し
- 田畑　あり（畑）

＊交通手段　友人の自動車［2名］

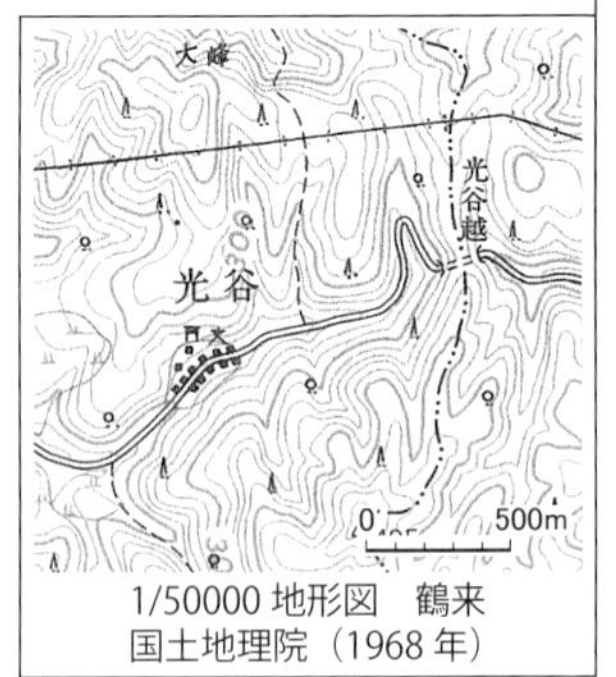

1/50000 地形図　鶴来
国土地理院（1968 年）

再訪時は、池城町（いけのじょう）から向かうルートで林直樹さんとともに出かけた。分校跡には「光谷の記」と刻まれた記念碑が建っており、「ふるさとセンター」の建物はなくなっていた。碑の裏面には住宅配置図が継承されていた。この図と新しい石柱のおかげで、共同浴場跡を見つけることができた。その他、神社跡、住宅跡の水回りが見つかり、9年前よりも明るく感じた。

【平成20年6月22日（日）、平成29年4月30日（日）、令和元年8月2日（金）訪問】

「ふるさとセンター」と住宅図（平成20年）

碑に継承された住宅配置図（平成29年）

碑が建つ共同浴場跡（令和元年）

集落の記憶　石川県小松市光谷

◆記念碑の手入れに想いをこめて

光谷は山間の小さな集落で、水の便が悪く、耕地に乏しい村の暮らしは豊かではなかった。しかし「光谷まくり総まくり」と呼ばれる一致団結の気風があった。田植えを日を決めて皆で持ち回りで行い、依頼主は参加者に昼食を用意する、農休日を決めて暮らしのメリハリをつくる、共同浴場を作って週変わりで管理するなどは、団結力があったからできたことと言えるだろう。

戦後、現金収入を確保するため町を挙げて取り組んだリンゴ栽培は徐々に成果を上げ、リンゴを隣町に売りに行くこともあった。しかし、三八豪雪の被害でリンゴ園は壊滅してしまった。個々に町に出て新たな現金収入を探したことが、翌年の離村（閉町）へとつながった。

離村後は「光谷会」という元住民の会を作り、合祀先の神社（多太神社）での神事、寺（勧帰寺）での法事など年中行事に取り組み、皆で使える施設「ふるさとセンター」を建設し、町誌を作

光谷会解散時の中心メンバー
左から村中重臣さん（昭和17年生）、小山廣明さん（同21年生）、光岩健一さん（同24年生）。多太神社・水上神社合祀記念碑前にて。

成した。しかし、産まれ育った世代が高齢化したことから、余力があるうちにふるさとセンターを取り壊し、平成26年、跡地に慰霊碑を兼ねた「光谷の記」という記念碑を建立し、会を解散した。以後は、有志の年中行事として記念碑周りの草刈り、手入れを行っている。このことが光谷の名を次世代の記憶に留めることの一助になればと願っている。

【令和元年6月9日（日）取材】

リンゴ園を皆で手入れする（昭和35年頃）

分校の校庭で七夕祭りを行う

「光谷の記」記念碑が建つ（平成29年）

55 新保（しんぼ）

石川県小松市新保町
戸　数　27戸（昭和28・10）
移転年　昭和45年（１９７０年）頃
個別移転（居住あり）【農山村】
※新丸村は２００戸（昭和28）

新保は手取川水系大日川上流部にあり、標高は５４９ｍ（学校跡）。ＪＲ小松駅から30㎞（クルマで１時間）である。新保など５集落あった能美郡新丸村（昭和31年編入で小松市）では、道が閉ざされる積雪期には冬ごもりをしていたが、徐々に住民は下山し、昭和56年には中心集落丸山が冬季無住となった。

初訪の新保は、雨の中、単独で出かけた。尾小屋からの細い峠道を越え、たどり着いた新保には地域の方の別宅が数戸あり、神社の脇には、県道の国道昇格時の記念碑が建っていた。新保小学校は、へき地等級４級、児童数18名（昭和34）、明治９年開校、昭和41年閉校。場所は特定できたが、存在感は薄かった。

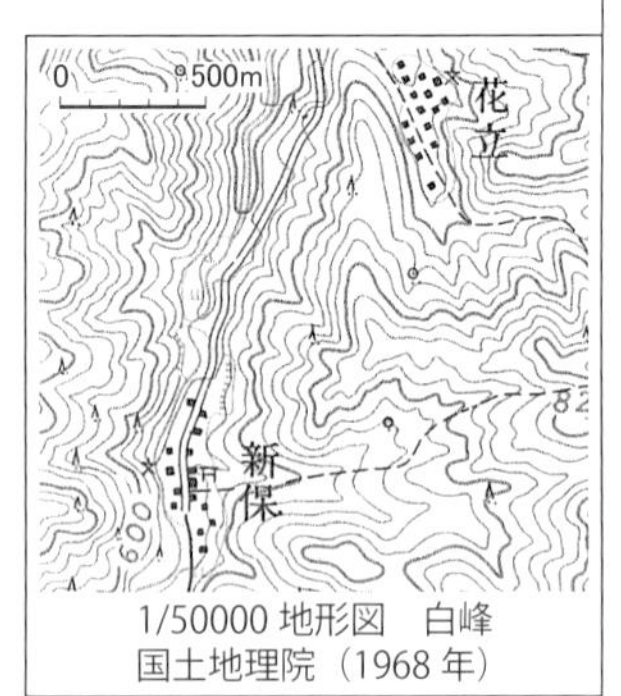

1/50000 地形図　白峰
国土地理院（1968 年）

令和元年の現況

- 記念碑　発見（国道昇格記念碑）
- 学校跡　発見（雨量観測所、平地）
- 神社　発見（新保神社）
- 祠・地蔵等　発見
- 寺・墓地等　発見できず
- 家屋　発見（家屋、養魚場）
- 道路状況　舗装
- 電線　あり
- 田畑　あり（畑）

* 交通手段　レンタカー［単独］

再訪時は、大日川沿いを走ってドローン持参の林直樹さんと出かけた。養魚場の方（中田敬一さん）に確認して学校跡を訪ねると、雪の壁の向こうに雨量観測所が見つかった。

三度目は単独で、養魚場併設の食事処「いわな庵」を訪ねた。養魚場の開設は昭和47年。中田さんは「産卵するイワナの世話をするため、父の代から越冬している」と話された。

【平成20年6月22日（日）、平成29年4月30日（日）、令和元年8月2日（金）訪問】

家屋と国道昇格記念碑（平成20年）

ドローンで空撮した学校跡（平成29年）

整然とした新保神社（令和元年）

56 荷暮（にぐれ）

福井県大野市荷暮
戸　数　34戸（昭和30・8）
移転年　昭和41年（1966年）
ダム建設のため移転【農山村】
※上穴馬村は401戸（昭和30）

荷暮は九頭竜川水系荷暮川沿いにあり、標高は573m（分校跡）、大野市街から40㎞（クルマで1時間20分）である。荷暮など12集落あった大野郡上穴馬村（村役場所在地は大谷、昭和31年合併で和泉村）は、九頭竜ダム（昭和43年竣工）建設のため自治体規模の廃村となった。非水没地の荷暮では、元住民達が電源開発（ダム管理会社）から土地を借りて作業小屋を作り「ふる里の家」を建て、平成7年には再び電気が通じた。

初訪時、妻とともに訪ねた荷暮では、「あぁ荷暮」の歌詞案内板に迎えられた。作業小屋は10数戸あり、「ふる里の家」、「荷暮乃里」の碑も見当たったが、誰かに出会うことはなかった。

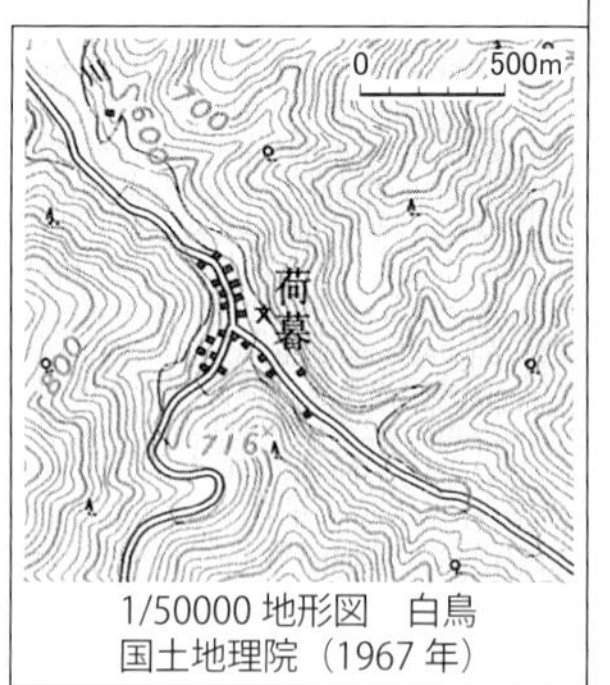

1/50000 地形図　白鳥
国土地理院（1967年）

令和元年の現況

- 記念碑　発見（荷暮乃里の碑）
- 学校跡　発見できず
- 神社　発見（跡地）
- 祠・地蔵等　発見
- 寺・墓地等　発見
- 家屋　発見（ふる里の家、作業小屋）
- 道路状況　舗装
- 電線　あり
- 田畑　あり

＊交通手段　レンタカー［２名］

その15年後のGW、妻と再訪した荷暮では、偶然、集落ゆかりの方々によるふる里祭りが行われていた。日進小学校荷暮分校は、へき地等級2級、児童数39名（昭和34）、明治13年開校、昭和41年閉校。分校跡は、集落内の橋よりも下流側にあった。元住民の方との会話のおかげで、神社跡を訪ねることができた。集いには、子供達も含め60名の参加があったという。

【平成16年10月11日（月祝）、令和元年5月3日（金祝）訪問】

「あぁ荷暮」の歌詞案内板（平成16年）

橋の上から作業小屋を見る

集いが行われた「ふる里の家」（令和元年）

57 中島（なかじま）

福井県大野市中島
戸　数　114戸（昭和37・5）
移転年　昭和44年（1969年）
ダム建設のため移転【農山村】
※西谷村は294戸（昭和37）

中島（なかじま）は九頭竜（くずりゅう）川水系真名（まな）川沿いにあり、標高は380m（学校跡）、大野市街から21㎞（クルマで42分）である。中島（村役場所在地）など11集落あった大野郡西谷（にしたに）村（昭和45年編入で大野市）は、豪雨災害を契機に建設された真名川ダム（昭和52年竣工）のため、自治体規模の廃村となった。

初めての中島は、ツーリングの道中偶然立ち寄った。福井県和泉村箱ケ瀬橋から中島、温見（ぬくみ）峠経由、岐阜県根尾（ねお）村能郷（のうごう）までの80㎞の道には廃村が連続しており、現住集落はなかった。

6度目は、サクラが咲く頃、吉田吉成さん（西谷村出身）と一緒に訪ねた。中島小学校は、へき地等級1級、児童数176

平成28年の現況

- 記念碑　発見（萬霊之碑）
- 学校跡　発見できず
- 神社　発見（春日神社跡）
- 祠・地蔵等　発見
- 寺・墓地等　発見できず　＊かつて寺あり
- 家屋　発見（作業小屋、旅行村施設）
- 道路状況　舗装
- 電線　あり
- 田畑　無し
- ＊交通手段　元住民の自動車［2名］

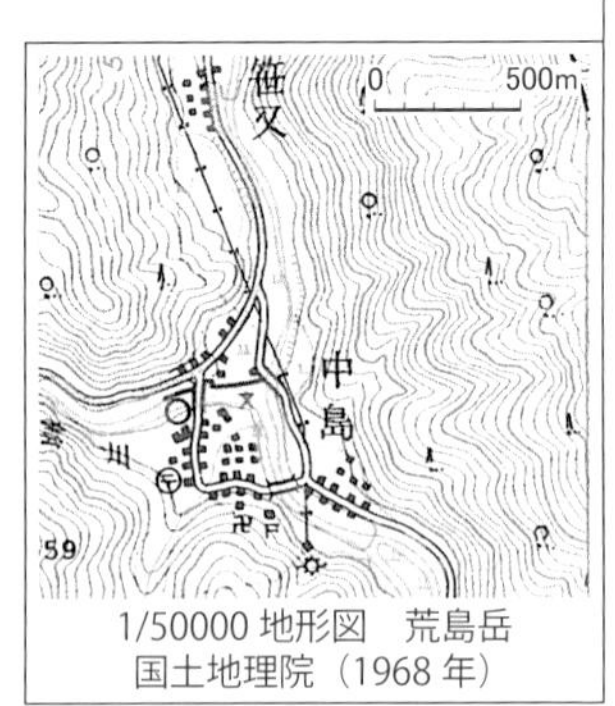

1/50000 地形図　荒島岳
国土地理院（1968年）

名（昭和34）、明治8年開校、昭和44年閉校。麻那姫湖青少年旅行村の先の休憩所に掲示された「昭和30年頃の中島地図」には、真名川と鎌谷川、雲川の合流点近くに学校が記されていた。旅行村の方に尋ねたおかげで、発電所の上にある神社跡を訪ねることができた。なじみ深い離村記念碑「萬霊之碑」もサクラの花に包まれていた。

【昭和62年9月8日（火）、平成28年4月16日（土）ほか計7回訪問】

春の花が咲く中島の休憩所（平成28年）

7度目で初めて訪ねた春日神社跡

サクラの花に包まれた「萬霊之碑」

58 大河内（おおこうち）

福井県南条郡南越前町大河内
戸　数　10戸（昭和30）
移転年　昭和41年（1966年）
個別移転【農山村】

大河内（おおこうち）は九頭竜（くずりゅう）川水系日野川上流沿い（広野ダムよりも先）にあり、分校跡の標高は415m、JR今庄（いまじょう）駅から18㎞（クルマで40分）。近隣の岩谷（いわや）、桝谷（ますたに）（ともに廃村）とともに、木地師（ロクロでお椀（わん）や盆を作る職人）ゆかりの集落である。

初訪の大河内には、妻、井手口さんなど4名で訪ねた。広野ダムを過ぎて、未舗装道を走り、たどり着いた集落跡には数軒の作業小屋があった。川の向こう側、丸木橋の向こうで草刈りをしている元住民の方（山田儀一（ぎいち）さん）にご挨拶をして話をしたところ、分校跡へ案内していただけることになった。堺東小学校大河内分校は、へき地等級4級、児童数9名（昭和34）、

平成28年の現況

- 記念碑　発見できず
- 学校跡　発見（旗ポール）
- 神社　発見（大河内神社跡）
- 祠・地蔵等　発見できず
- 寺・墓地等　発見できず
- 家屋　発見（作業小屋）
- 道路状況　未舗装
- 電線　無し
- 田畑　あり
- ＊交通手段　友人の自動車［3名］

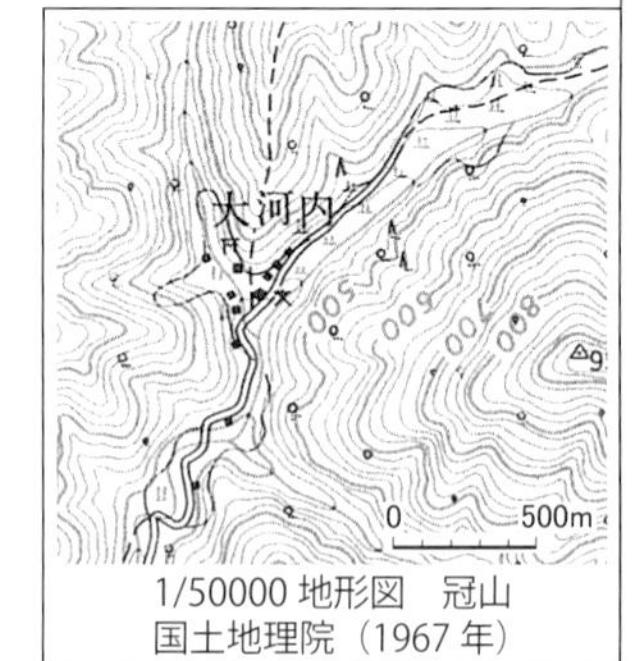

1/50000 地形図　冠山
国土地理院（1967年）

大正15年開校、昭和40年閉校。分校跡には錆びた旗ポールが残っていた。分校跡から草の中の小さな石段を上っていくと、その先には石造りの鳥居が構えていた。

2年後の夏に再訪した時も、山田さんと会うことができた。旗ポールや鳥居がすっきりとしていて驚いたが、それは山田さんが訪問者に備えて草刈りをしたからとわかった。

【平成26年10月4日（土）、平成28年7月31日（日）訪問】

山田さんにご挨拶するため丸木橋を渡る

草に埋もれた神社跡の鳥居（平成26年）

整えられた神社跡の鳥居（平成28年）

関　西

関西の廃校廃村は 42 ヵ所で、「廃村千選」全国総数（1,050 ヵ所）の 4.0％にあたる。2 府 4 県の中では滋賀県の 14 ヵ所が最も多く、兵庫県が 8 ヵ所でこれに次ぐ。

42 ヵ所の分布をみると、滋賀県の最北部と鈴鹿山麓に集中がみられる。関西の廃村密度は 1.5 ヵ所 / 千 k㎡である。

地域区分をみると、三重県を関西に加える場合がある。また、近畿地方という呼称もあるが、近年関西のほうがよく用いられている感がある。

廃校廃村を産業別にみると、農山村が 39 ヵ所（関西総数の 92.8％）でよくまとまっている。ダム関係は 9 ヵ所（同 21.4％）である。

人口増減率（S.50 − H.27 の 40 年間）をみると、和歌山県の減少が目を引く。また、滋賀県の増加率が高く、H.22 − H.27 の 5 年間でも増加している。京阪神都市圏（近畿圏）ではすでに人口減少が始まっており、国勢調査人口のピークは、和歌山県が昭和 60 年、奈良県が平成 12 年、京都府と兵庫県が平成 17 年、大阪府が平成 22 年である。

表 6　関西の人口統計

府県名	人口［人］(H.27)	面　積［k㎡］	人口密度［人／k㎡］	増減率［%］(H.27/S.50)	廃村数
滋賀県	1,412,916	4,017.4	351.7	43.4	14
京都府	2,610,353	4,612.2	566.0	7.7	5
奈良県	1,364,316	3,690.9	369.6	26.6	6
大阪府	8,839,469	1,905.1	4,639.8	6.8	1
和歌山県	963,579	4,724.7	203.9	△ 10.1	8
兵庫県	5,534,800	8,401.0	658.8	10.9	8
関西　計	20,725,433	27,351.3	757.7	10.1	42

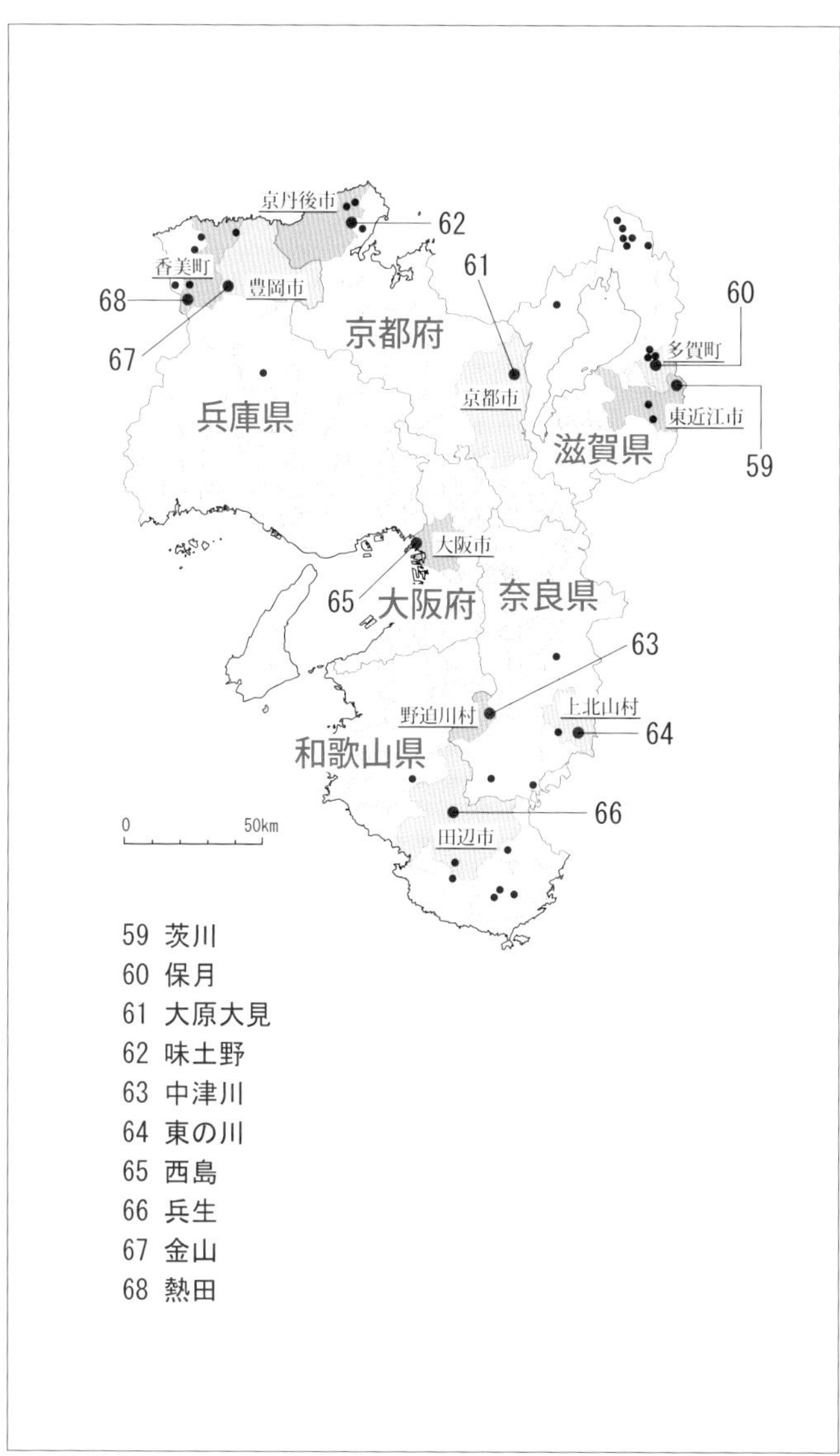
京丹後市
62
61
60
香美町
豊岡市
68
67
京都府
多賀町
京都市
東近江市
兵庫県
滋賀県
59
大阪市
65
大阪府
奈良県
63
上北山村
野迫川村
64
和歌山県
66
0
50km
田辺市
59 茨川
60 保月
61 大原大見
62 味土野
63 中津川
64 東の川
65 西島
66 兵生
67 金山
68 熱田

59 茨川（いばらかわ）

滋賀県東近江市茨川町
戸　数　11戸（昭和32・6）
移転年　昭和40年（1965年）
個別移転【農山村】

茨川（いばらかわ）は琵琶湖に注ぐ愛知川水系茶屋川上流沿いにあり、標高は563m（分校跡）、永源寺（えいげんじ）町中心部から19㎞（クルマで45分）である。山深い集落は、電気の恩恵を受けなかった。

初訪時の茨川は、堺の実家からバイクで出かけた。林道の終点には駐車スペースと茶屋川の流れがあって、川の向こうに小屋が見えた。裸足になって川を渡り、小屋を確認すると「八幡工業高校山岳部」の看板があった。政所（まんどころ）小学校茨川分校は、へき地等級5級、児童数6名（昭和34）、明治8年開校、昭和40年閉校。後の調べで、山小屋は分校跡校舎だとわかった。錆びたトタン屋根の「名古屋大学ワンゲル小屋」でひと息ついて、

平成23年の現況

- 記念碑　発見できず
- 学校跡　発見（校舎）
- 神社　発見（天照神社）
- 祠・地蔵等　発見
- 寺・墓地等　発見できず
- 家屋　発見（旧家屋の山小屋）
- 道路状況　未舗装
- 電線　無し
- 田畑　無し
- ＊交通手段　レンタカー［2名］

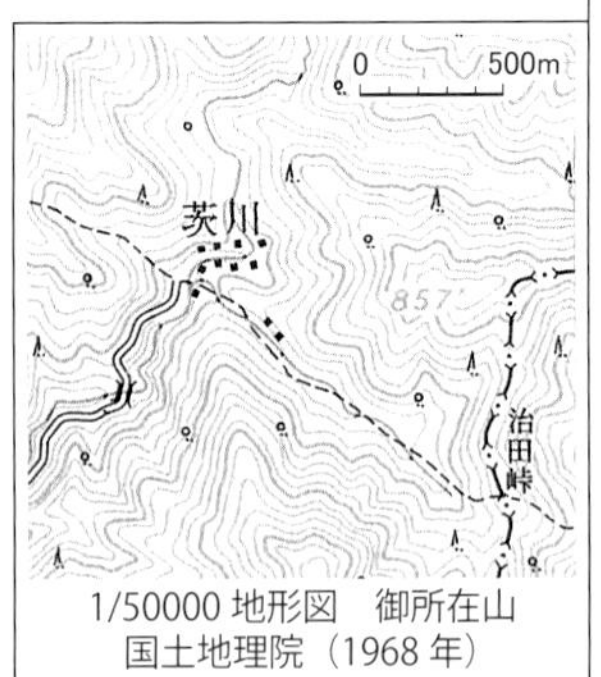

1/50000 地形図　御所在山
国土地理院（1968年）

少し進むと、川の向こうには神社の真新しい鳥居が見えた。再び裸足になって川を渡り、石段を上った社殿は整っており、時折集落に関係する方が手入れされているようだった。

11年ぶりの再訪時は、レンタカーで妻とともに出かけた。川の水量が多く渡るのになんぎした。校舎の山小屋、名大ワンゲル小屋は11年前よりも整っているように感じた。

【平成12年7月20日（木祝）、平成23年10月16日（日）訪問】

茨川・名大ワンゲル小屋（平成12年）

真新しい天照神社の鳥居

分校跡校舎の山小屋（平成23年）

60 保月（ほうづき）

滋賀県犬上郡多賀町保月
戸　数　35戸（昭和38・12）
移転年　昭和51年（1976年）
冬季無住を経て無住化【農山村】
※旧脇ヶ畑村は56戸（昭和38）

保月（ほうづき）は琵琶湖に注ぐ芹川（せり）源流部にあり、標高は611m（小学校跡）、多賀町中心部から12㎞（クルマで30分）である。村役場所在地　保月など3集落あった犬上郡脇ヶ畑（わきがはた）村（昭和30年合併で多賀町）は、過疎の進行で自治体規模の廃村となった。

初訪時の保月は、堺の実家からバイクで出かけた。頼りない県道を進み、たどり着いた保月では、まず小学校跡の碑と公衆便所が視界に入った。脇ヶ畑小学校は、へき地等級3級、児童数43名（昭和34）、明治16年開校、昭和44年休校、平成5年閉校。学校跡（実は中学校分校跡）は駐車場となっており、公衆便所は往時の建物だった。集落を歩くと、寺と二階建ての半壊

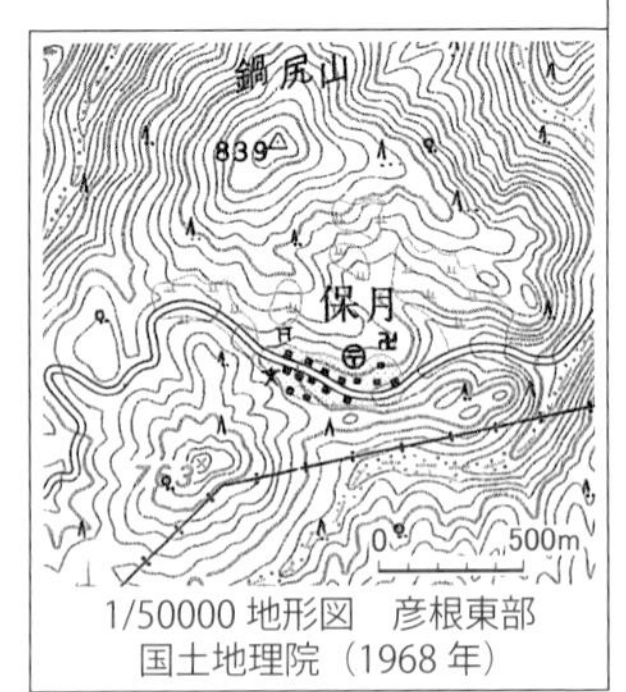

1/50000 地形図　彦根東部
国土地理院（1968年）

令和元年の現況

- 記念碑　発見（招魂碑、学校跡の碑）
- 学校跡　発見（平地、中学校便所）
- 神社　発見（八幡神社）
- 祠・地蔵等　発見
- 寺・墓地等　発見（照西寺、墓地）
- 家屋　発見（複数の家屋）
- 道路状況　舗装
- 電線　あり
- 田畑　無し
- ＊交通手段　元住民の自動車［4名］

した建物（郵便局、町役場支所などが入る公共施設）が見当たった。寺の隣の特徴がある建物は、教職員住宅だったらしい。この時は、2戸ほど冬場を除き住まれる家があった。

3度目の訪問は18年ぶり。無住化して9年目というが、複数の建物が維持管理され残っており、中には新しい作業小屋もあった。丘の上にある小学校跡にも足を運ぶことができた。

【平成12年7月21日（金）、平成13年6月30日（土）、令和元年6月24日（月）訪問】

小学校跡の碑と公衆便所（平成12年）

照西寺と半壊した公共施設

教職員住宅のガレキと照西寺（令和元年）

集落の記憶　滋賀県多賀町保月

◆故郷の会は、集落を愛する人の会になった

徒歩交通の頃、保月は中山道の脇往還の要衝で、旅人を泊める宿屋もあったが、戦後間もない頃は炭焼きを生業とする山村になっていた。電気が通じたのは、昭和25年のことだった。

昭和30年代後半、プロパンガスが浸透していくことにより炭焼きでは暮らしていけなくなり、私たちは学校の卒業後はそれぞれ彦根を中心とするメーカーに就職した。親の世代もメーカーに就職することで、次から次へと集落から離れていった。

昭和50年代、道が除雪されない冬場に人が住まなくなってからも、春夏秋は少数ながら住む人がいて、林業組合で製材の仕事をしていた。しかし、平成に入りこの仕事もなくなり、平成22年には住む人がいなくなり、以来わずかな畑作もシカの食害でできなくなった。

それでも自治区としての保月は存続しており、神社では春まつり、秋まつり、寺では8月に「保

現保月管理の中心メンバー

左から辻本増男さん（昭和23年生、現保月区長）、辻中清一さん（同18年生、前区長）、吉田辰雄さん（同27年生）。照西寺にて。

月を愛する会」を行っている。元は「故郷を愛する会」だったが、関心がある方でも参加しやすいように平成18年に改称した。今は参加者のうち約半数は、元住民以外の方になった。

故郷の景観が保たれることは生き甲斐にもつながり、今は世代が違う3人が中心となって維持管理している。サクラの苗木はシカに備えて、ネットをかけて育てている。

【令和元年6月24日（月）取材】

茅葺き屋根の家屋が建ち並ぶ（昭和30年頃）

脇ヶ畑小学校校舎（丘の上）と照西寺

道沿いにあった中学校校舎（昭和45年頃）

61 大原大見（おおはらおおみ）

京都府京都市左京区大原大見町
戸　数　20戸（昭和39・6）
移転年　昭和47年（1972年）
個別移転【農山村】

大原大見（おおはらおおみ）は琵琶湖に注ぐ安曇（あど）川水系大見川上流沿いにあり、標高は609m（分校）、叡山（えいざん）電鉄鞍馬駅から14㎞（クルマで30分）である。

大見には雪の季節、鞍馬駅から百井（ももい）（最寄り集落）まではタクシーに乗り、百井から大見までの6㎞の雪道は歩いて出かけた。幾何学模様のスギ林を抜けると、行く手の視界がひらけて、右手にお墓が、続いて分校が見つかった。大原小学校尾見分校は、へき地等級4級、児童数27名（昭和34）、明治34年開校、昭和48年4月より休校。一段高い場所に校舎、校庭の真ん中に百葉箱、片隅に樹が生えたジャングルジムが見当たった。校舎

平成24年の現況

- 記念碑　発見できず
- 学校跡　発見（校舎、校庭、遊具）
- 神社　発見（思古淵神社）
- 祠・地蔵等　発見
- 寺・墓地等　発見（墓地）
- 家屋　発見（複数の家屋）
- 道路状況　舗装
- 電線　あり
- 田畑　見られず
- ＊交通手段　タクシー＋徒歩［単独］

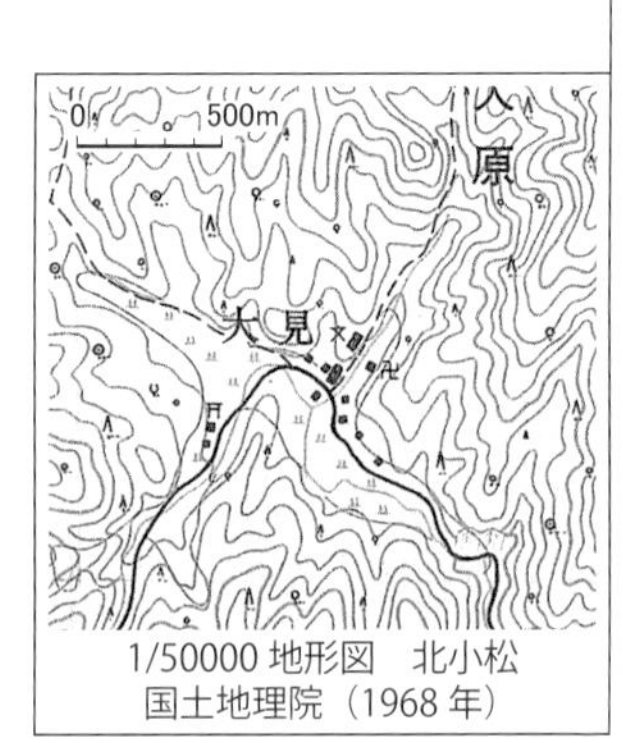

1/50000 地形図　北小松
国土地理院（1968年）

の脇には、教職員住宅と思われる平屋の家屋があった。集落を歩くと外灯が点いていたが、人の気配は皆無だった。村の鎮守様（思古淵（しこぶち）神社）は思いのほか遠く、集落を離れて橋を渡り、「諦めようか」と思った頃、何とか見つけることができた。鳥居は朽ちていたが、境内の雪には足跡があり、2つの灯篭の間には縄が張られ、川を挟んだ本殿には提灯が飾られていた。

【平成24年1月24日（金）訪問】

39年間休校中の分校校舎（平成24年）*

外灯は点くが人の気配は皆無の集落

飾りが見られた思古淵神社

＊尾見分校は、休校45年目の平成30年3月閉校した。

62 味土野（みどの）

京都府京丹後市弥栄（やさか）町須川字味土野
戸　数　34戸（昭和32・10）
移転年　昭和59年（1984年）
個別移転（居住あり）【農山村】

味土野（みどの）は日本海に注ぐ宇（う）川源流部にあり、標高は357m（分校跡）、京都丹後鉄道峰山駅から19㎞（クルマで40分）である。織豊（しょくほう）の動乱期に生きた細川ガラシャ（明智光秀の三女、細川忠興（ただおき）夫人）幽閉の地として知られる。

初めての味土野は、堺の実家からバイクで出かけた。細い府道の終点そばにはガラシャ夫人の住居跡（城跡）が史跡として整備されていた。野間小学校味土野分校は、へき地等級2級、児童数3名（昭和34）、明治14年開校、昭和46年閉校。分校跡校舎は、公共の宿泊施設「山の家 ガラシャ荘」として活用されていた。また、枝道沿いには「ふるさと味土野之跡」碑（昭

1/50000 地形図　宮津
国土地理院（1968年）

令和元年の現況

・記念碑　発見（味土野之跡の碑ほか）
・学校跡　発見（校舎）
・神社　発見できず　＊聖神社跡あり
・祠・地蔵等　発見
・寺・墓地等　発見（墓地）
・家屋　発見（複数の家屋）
・道路状況　舗装
・電線　あり
・田畑　あり（畑）
＊交通手段　友人の自動車［2名］

和59年建立）が建っており、過疎が進んだことでこの碑が建った年を離村年と捉えた。

17年経って、研究つながりの小山元孝さん（京丹後市在住）とともに訪ねた味土野では、地域のカトリック教会による催しが行われていた。「住まれるのは新しい住民の方2戸のみ」という味土野だが、通いで畑を耕す元住民の方にもお会いすることができた。

【平成14年8月13日（火）、令和元年7月15日（月祝）訪問】

「細川忠興夫人隠棲地」の碑（平成14年）

分校跡校舎が宿泊施設として残る

「ふるさと味土野之跡」の碑（令和元年）

63 中津川（なかつがわ）

奈良県吉野郡野迫川村中津川
戸　数　15戸（昭和32・10）
移転年　昭和47年（1972年）頃
個別移転【鉱山関連集落】

中津川（なかつがわ）は太平洋に注ぐ熊野川水系池津川上流部の山腹にあり、標高は741m（学校跡）、野迫川（のせがわ）村役場から12km（クルマで25分）。校区に五条鉱山（集落名は金屋渕（かなやふち））があった。野迫川村は、奈良県よりも和歌山県高野（こうや）町とのつながりが強い。

初訪時の中津川は、堺の実家からバイクで出かけた。中津川小学校は、へき地等級2級、児童数65名（昭和34）、明治20年開校、昭和44年休校、平成11年閉校。狭い林道を登り詰めた場所は小学校跡で、小さいながらもしっかりした木造校舎が建っていた。人の気配はなかったが、大ぶりな民家には門構えや塀があって、往時は豊かな村だったことが想像できた。

1/50000 地形図　伯母子岳
国土地理院（1971年）

平成30年の現況

- 記念碑　発見（林道開通記念碑）
- 学校跡　発見（校舎、校庭）
- 神社　発見（天照神社）
- 祠・地蔵等　発見
- 寺・墓地等　発見できず
- 家屋　発見（複数の家屋）
- 道路状況　舗装
- 電線　あり
- 田畑　無し

＊交通手段　友人の自動車［4名］

再訪時の中津川は、探索仲間3名と南海高野山駅で待ち合わせて出かけた。初訪から18年の時が流れたが、木造校舎はほぼそのままの姿で残っていた。校庭の手前の神社は少々荒れてはいたが、維持管理されている様子がうかがえた。天候が荒い吉野の山中にもかかわらず、大ぶりな民家もしっかりと建っていて、時間が停まっているような感じを受けた。

【平成12年5月26日（金）、平成30年10月8日（月祝）訪問】

中津川小学校跡の校舎（平成12年）

中津川小学校跡の校舎（平成30年）

石垣の上に建つ家屋の塀

64 東の川（ひがしのかわ）

奈良県吉野郡上北山村小橡（ことち）字宮ノ平
戸　数　24戸（昭和43・5）
移転年　昭和51年（1976年）頃
ダム建設のため移転【農山村】

東の川（ひがしのかわ）は熊野川水系東の川（坂本貯水池）沿いにあり、標高は394m（学校跡）、上北山村（かみきたやま）役場から33km（クルマで1時間10分）。県境を越えた三重県尾鷲（おわせ）市街までは27km（クルマで55分）のため、移転者の多くは尾鷲に住んでいる。

坂本ダム（昭和37年竣工）を過ぎ、ダム湖を出合橋で渡った三差路から1km強でRC造二階建ての学校跡校舎が視界に入った。東の川小学校は、へき地等級4級、児童数67名（昭和34）、明治23年開校、昭和41年休校、平成10年閉校。代替地への移転者のための校舎（昭和39年建設）で学んだ児童は4名だった。校舎の窓ガラスは割られており、荒んだ印象を受けた。

1/50000 地形図　尾鷲
国土地理院（1971年）

平成22年の現況

- ・記念碑　発見（望郷立志誓之碑）
- ・学校跡　発見（校舎、校庭）
- ・神社　発見（宮頭神社）
- ・祠・地蔵等　発見
- ・寺・墓地等　発見できず
- ・家屋　発見（郵便局跡、家屋ほか）
- ・道路状況　舗装
- ・電線　あり
- ・田畑　無し
- ＊交通手段　バイク［単独］

宮ノ平代替地は、学校跡から少し上流側にあり、ＲＣ造二階建ての森林組合の建物を含め十数戸の家屋が建っていたが、誰かと出会うことはなかった。東の川簡易郵便局は、常住者がいなくなってからも存続したが、郵政民営化（平成19年10月）を控えた平成17年４月に廃止された。それから5年後、局跡の建物は整った形で代替地に残っていた。

【平成22年7月4日（日）訪問】

窓ガラスが割られた東の川小学校跡校舎

十数戸の無住家屋が建つ宮ノ平代替地

赤系の塗色が印象的な簡易郵便局跡

65 西島(にしじま)

大阪府大阪市西淀川区西島
戸　数　79戸（昭和55）
移転年　平成15年（２００３年）頃
個別移転【都市近郊】

西島(にしじま)は新淀(しんよど)川と神崎(かんざき)川の河口近くにあり、学校跡の標高はマイナス１ｍ、阪神なんば線出来島(できじま)駅から１㎞（歩いて15分）である。西淀川区臨海部は海抜ゼロメートル地帯が多く、川や湾の堤防は、高潮の被害を防止するため高くなっている。

初訪時、西島には阪神福(ふく)駅から歩いて出かけた。西島にあった川北(かわきた)小学校は、へき地等級無級、児童数５３７名（昭和34）、明治６年開校、昭和44年移転閉校（中島へ移転）。学校跡は出来島水門のそば、工場の敷地内にある。校舎が取り壊されたのは、平成10年代のこと。神崎川に架かる橋の上から見ると、平地の様子から、「ここが学校跡」とはっきりわかった。

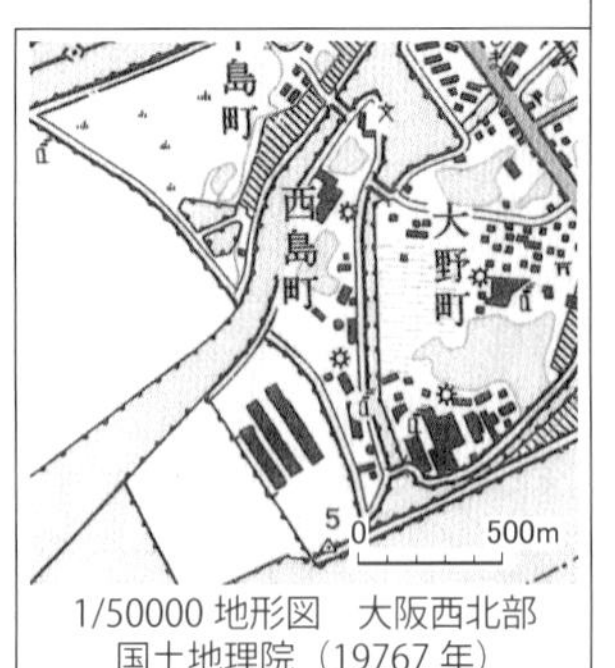

1/50000 地形図　大阪西北部
国土地理院（19767 年）

平成30年の現況

- 記念碑　発見（伊勢参り記念碑）
- 学校跡　発見（跡地）
- 神社　発見（住吉神社）
- 祠・地蔵等　発見
- 寺・墓地等　発見できず
- 家屋　発見（工場関係の建物）
- 道路状況　舗装
- 電線　あり
- 田畑　無し

＊ 交通手段　鉄道＋徒歩［単独］

再訪時も福駅から歩いて出かけた。８年ぶりに同じ橋の上から学校跡を見たところ、平地には建屋ができていて、工場の一部としか見えなかった。唯一集落の面影が残る西島住吉神社は、平成20年に大改修工事が施されている。新しくて白っぽい鳥居と、古くて黒っぽい灯篭のコントラストは、相変わらず強烈だった。

【平成22年11月20日（土）、平成30年11月25日（日）訪問】

川北小学校跡の平地（平成22年）

川北小学校跡の平地（平成30年）

集落の面影が残る西島住吉神社

66 兵生（ひょうぜい）

和歌山県田辺市中辺路町兵生
戸　数　26戸（昭和49）
移転年　昭和49年（1974年）
集落再編成事業で移転【農山村】

兵生は太平洋に注ぐ富田川上流沿いにあり、標高は318m（分校跡）、JR紀伊田辺駅から37km（クルマで1時間15分）である。中辺路町には、熊野古道を歩く観光客が多く来る。

初めての兵生は、紀伊半島の廃村をめぐるツーリングで立ち寄ったが、スギ林が続く中、勘が働かなかったため、これというものを発見できないまま早々と先を急いだ。

2度目は、和歌山県が地元の盟友 村影弥太郎さんとともに出かけた。兵生のいちばん手前、高串の吊り橋は、前回も見た記憶があった。集落の中心 宮代の吊り橋には見覚えがなく、後の調べで前回は少し手前で折り返したことがわかった。芦尾

平成22年の現況

- 記念碑　発見（分校跡地碑）
- 学校跡　発見（校舎、校庭）
- 神社　発見（春日神社）
- 祠・地蔵等　発見
- 寺・墓地等　発見（福泉寺跡）
- 家屋　発見（複数の家屋）
- 道路状況　舗装
- 電線　あり
- 田畑　無し

＊交通手段　友人の自動車［2名］

1/50000 地形図　龍神
国土地理院（1970年）

小学校（のち二川小学校）兵生分校は、へき地等級3級、児童数39名（昭和34）、明治36年開校、昭和49年閉校。分校跡は吊り橋の先にあり、「兵生分校跡地」の碑とトーテムポール、木造平屋建ての校舎が建っていた。分校裏手の集落跡を探索した後、車道沿い奥にある宮瀬の春日神社に足を運んだところ、整えられた境内には往時の航空写真が飾られていた。

【平成15年10月3日（金）、平成22年2月13日（土）訪問】

手前（高串）の吊り橋（平成22年）

宮代・枯れ草に覆われた分校跡校舎

奥（宮瀬）にある整った春日神社

67 金山（きんざん）

兵庫県豊岡市日高町羽尻金山
戸　数　6戸（昭36・6）
移転年　昭和37年（1962年）
個別移転【農山村】

金山（きんざん）は日本海に注ぐ円山（まるやま）川水系阿瀬（あぜ）川上流沿いにあり、分校跡の標高は511m、JR豊岡駅から25㎞（クルマ＋徒歩で2時間30分）である。金銀を採掘する鉱山集落として成立。鉱山の最盛期は室町時代後期で、江戸時代中期に廃鉱となった。その後は炭焼きなどの山仕事を生業として細々と存続した。

金山へと続く山道（阿瀬渓谷）は紅葉の名所と言われるが、駐車場のそばで3人組の山歩きの方と出会った以外は誰にも出会わなかった。「たいへんな道やなあ」と言いながらも、妻は付き合ってくれた。月照（げっしょう）滝を過ぎ、見失いそうになるほど荒れた道を進み、金山入口の三差路を過ぎると、規模の大きな棚

平成28年の現況

・記念碑	発見（案内板）
・学校跡	発見（四阿、平地、ガレキ）
・神社	発見できず
・祠・地蔵等	発見
・寺・墓地等	発見できず
・家屋	発見できず
・道路状況	未舗装（クルマは入れない）
・電線	無し
・田畑	無し
＊交通手段	レンタカー＋徒歩［2名］

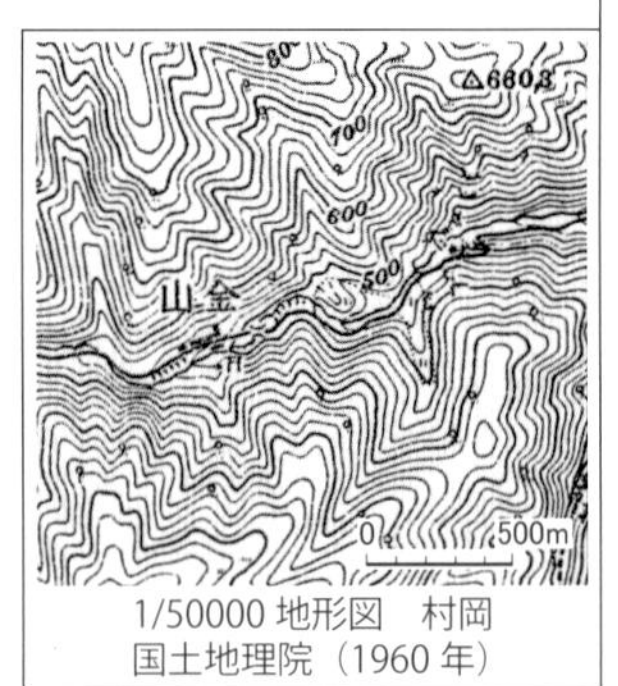

1/50000 地形図　村岡
国土地理院（1960年）

田跡の石垣があった。三方（みかた）小学校金山分校は、へき地等級4級、児童数6名（昭和34）、昭和32年開校、同37年閉校。石積みの階段がある橋を渡った先、分校跡は案内板と四阿（あずまや）が建つ休憩スペースとなっており、昼食休みを取った。集落跡を探索すると、家屋の敷地や小道、五右衛門風呂が見られた。帰路の下り坂、距離は離れていたがクマらしき動物に遭遇した。

【平成28年10月10日（月祝）訪問】

棚田跡の石垣のすぐそばに川が流れる

分校跡は休憩スペースとなっていた

集落跡では家屋の敷地や小道が見られた

68 熱田（あつた）

兵庫県美方郡香美町小代区新屋熱田
戸　数　10戸（昭35・7）
移転年　昭和44年（1969年）
集団移転【農山村】

熱田は日本海に注ぐ矢田川上流部の山腹にあり、分校跡の標高は600m、JR香住駅から38km（クルマで1時間20分）。道路好きには、国道482号の終点として知られる。なお、令和元年春、別ルートの国道482号が鳥取県若桜町へ通じた。

熱田には、島根県在住の友人 榊原幸春さんと出かけた。榊原さんは、山間の学校跡を目指しているが、この時用意した地形図に文マークは記されていなかった。国道の終点付近まで走ると、道が二又に分かれていた。左の道の先、舗装が途切れた場所にクルマを停めて、探索を開始すると、数軒の作業小屋と土蔵、往時の原動機などが見つかったが、分校跡は見つからない。

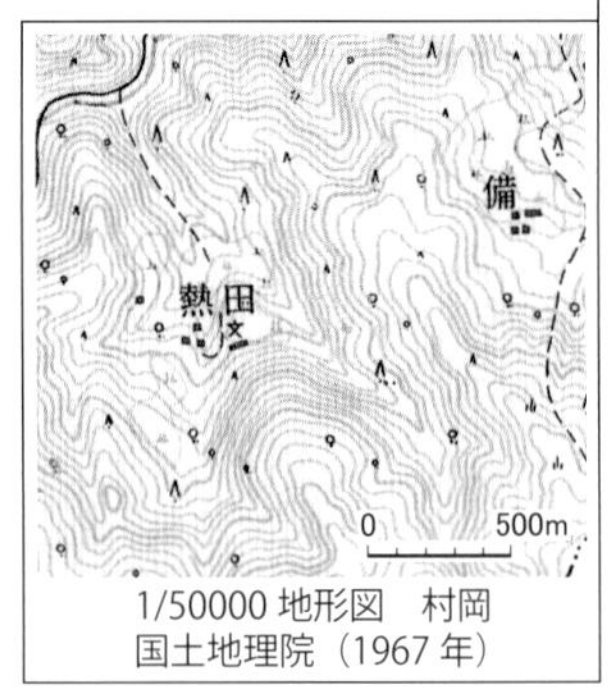

1/50000 地形図　村岡
国土地理院（1967年）

平成22年の現況

・記念碑　発見できず
・学校跡　発見（校舎）
・神社　発見できず
・祠・地蔵等　発見
・寺・墓地等　発見できず
・家屋　発見（蔵など）
・道路状況　舗装
・電線　あり
・田畑　無し
＊交通手段　友人の自動車［2名］

右の道の先も見てみると、家屋はあるものの、集落や分校跡の匂いはしてこない。「これは諦めかな」と思った頃、向かいの山の中腹に小さく木造の建物が見えた。小南小学校（のち小代小学校）熱田分校は、へき地等級4級、児童数13名（昭和34）、明治30年開校、昭和44年閉校。校舎はしっかり残っており、その脇の祠は手入れがなされている感じがした。

【平成22年6月5日（土）訪問】

探索で見つけた土蔵

探索で見つけた原動機

しっかり残っていた分校跡校舎

中　国

中国地方の廃校廃村は 40 ヵ所で、「廃村千選」全国総数（1,050 ヵ所）の 3.8%にあたる。5 県の中では山口県の 14 ヵ所が最も多く、島根県の 11 ヵ所がこれに次ぐ。

40 ヵ所の分布をみると、島根県益田市、山口県岩国市に集中がある。岡山県倉敷市の児島諸島、山口県萩市の萩諸島にもまとまりが見られる。中国地方の廃村密度は 1.3 ヵ所 / 千㎢である。

日本海側の山陰（鳥取県、島根県、山口県の一部）と瀬戸内海側の山陽（岡山県、広島県、山口県の大部）に大別される。廃村の数は山陰が 19 ヵ所、山陽が 21 ヵ所となる。

廃校廃村を産業別にみると、離島集落（離島の農村＋離島の漁村）が 8 ヵ所（中国地方総数の 20.0%）、戦後開拓集落が 4 ヵ所（同 10.0%）ある。農山村は 27 ヵ所（同 67.5%）ある。また、ダム関係は 6 ヵ所（同 15.0%）である。

人口増減率（S.50 − H.27 の 40 年間）をみると、島根県と山口県の減少が目を引く。国勢調査人口のピークは、山口県が昭和 60 年、広島県が平成 7 年、岡山県が平成 17 年、鳥取県と島根県は高度経済成長期以前である。

表 8　中国の人口統計

県名	人口［人］(H.27)	面　積［㎢］	人口密度［人／㎢］	増減率［%］(H.27/S.50)	廃村数
鳥取県	573,441	3,507.1	163.5	△ 1.4	4
岡山県	1,921,525	7,114.5	270.1	5.9	5
島根県	694,352	6,708.2	103.5	△ 9.7	11
広島県	2,843,990	8,479.5	335.4	7.5	6
山口県	1,404,729	6,112.3	229.8	△ 9.7	14
中国　計	7,438,037	31,921.5	233.0	1.0	40

72
71
69
鳥取県
鳥取市
安来市
鏡野町
73
島根県
岡山県
益田市
広島県
倉敷市
福山市
山口県
山口市
岩国市
74
70
76
75
0
50km
69 板井原
70 釜島
71 久田上原
72 坊床
73 広見
74 藤尾堂前
75 向畑
76 大月

69 板井原（いたいはら）

鳥取県鳥取市用瀬町赤波字板井原
戸　数　22戸（昭和29・8）
移転年　昭和50年（1975年）
山村振興集落整備事業で移転
【農山村】

板井原は千代川水系赤波川上流沿いにあり、分校跡の標高は348m、用瀬町中心部からは10㎞（クルマで20分）である。さらに4㎞上流には、「板井原集落」として伝統的建造物群保存地区に指定されている智頭町の現住集落 上板井原がある。

初めての板井原は、金婚式祝いの旅で大阪在住の両親とともに訪ねた。興徳小学校（のち用瀬小学校）板井原分校は、へき地等級2級、児童数11名（昭和34）、明治15年開校、昭和49年休校、昭和54年閉校。分校跡は駐車場となっており、「板井原の里」と刻まれた記念碑が建っている（平成17年建立）。裏手に回ると、二階建ての廃屋や白壁の蔵などが迎えてくれた。

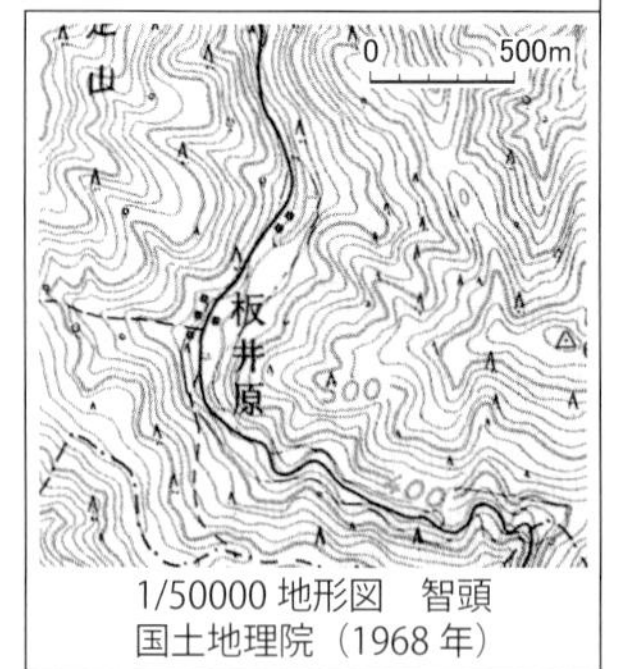

1/50000 地形図　智頭
国土地理院（1968年）

平成28年の現況

- 記念碑　　発見（板井原の里の碑ほか）
- 学校跡　　発見（跡地）
- 神社　　　発見（宮小谷神社）
- 祠・地蔵等　発見
- 寺・墓地等　発見
- 家屋　　　発見（複数の建物）
- 道路状況　舗装
- 電線　　　あり
- 田畑　　　あり（耕作田）

＊交通手段　友人の自動車［3名］

2度目は4年後（平成27年8月）、大阪への帰省がてら単独で訪ねた。新たに訪ねた少し山に入った宮小谷神社では、昭和6年建立の石鳥居が迎えてくれた。3度目（平成28年3月）の訪問時、一緒に訪ねた友人 武部将治さん（岡山県在住）が撮った二階建ての廃屋の写真は、同時期詰めの段階だった単独執筆のムック本『廃村をゆく2』の表紙画像となった。

【平成23年10月3日（月）、平成28年10月8日（土）ほか計4回訪問】

分校跡に建つ離村記念碑（平成23年）

分校跡裏手、二階建ての廃屋

宮小谷神社の鳥居（平成27年）

集落の記憶　鳥取県鳥取市板井原

◆故郷で過ごす時間は何物にも代えがたい

赤波から川沿いに板井原までの道路が開通したのは、昭和3年のことだった。それまでは、峰越しの山道が生活道だった。その頃の板井原の主な産業は製炭業だったが、エネルギー革命（昭和37年頃）の後は、建設業や用瀬に進出してきた弱電、機械、縫製など工場勤めの者が多くなった。他の集落の田畑に出稼ぎに出る者もいた。

分校は小学4年までだったので、子供は小学5年から寄宿舎に入らねばならなかった。子供は適応するからまだよいが、特に母親はつらかったことだろう。

特に積雪期の交通の不便さから、板井原、杉森の2集落は、昭和44年ごろから集団移転を考えはじめた。鳥取県では昭和44年、国土庁による集落再編成事業で八東町横地、妻鹿野の2集落が集団移転をした。板井原、杉森もこの制度を使っての集団移転を考えたが、同一県内での

谷村　萬吉さん

昭和10年、大村 板井原生まれ。農林業を本業として、用瀬町会議員を務めた。左隣の飯田弘文さんも板井原生まれ

二例目は認められなかった。このため、昭和48年から国の山村振興の予算を使った集団移転計画が画策され、3年後に旭丘への移転が実現した。

年を重ねるごとに板井原に残った家々は朽ちていったが、生まれ育った故郷で過ごす時間は何物にも代えがたい。今も道路開通記念碑は、我が家のそばに建っている。

【平成28年3月27日（日）取材】

板井原分校の校舎（昭和49年頃）

厳かに行われた集落整備事業竣工式

旭丘には「同心愛郷」の碑が建つ

70 釜島（かましま）

岡山県倉敷市下津井釜島
戸　数　14戸（昭和34）
移転年　昭和55年（1980年）
個別移転【離島】

釜島（かましま）は児島（こじま）諸島、瀬戸大橋東側の離島で、面積は0・40平方km、周囲3・2km、標高43m（最高点）、15m（分校跡）。下津井港からの距離は4kmだが、定期船は出ていない。

初めての釜島は、六口（むくち）島の宿のチャーター船で6名で出かけた。船は島西側の砂浜につけてもらい、上陸は板で渡った。笹藪に苦労しながら浜から10分歩くと、塩釜神社に到着した。道なりに進んでいくと大きな家屋があり、その様子から民宿「かましま」の跡とわかった。下津井西（しもついにし）小学校釜島分校は、へき地等級3級、児童数14名（昭和34）、昭和30年、戦後開拓の入植の流れで開校、昭和49年休校、平成元年閉校。分校跡の周囲は

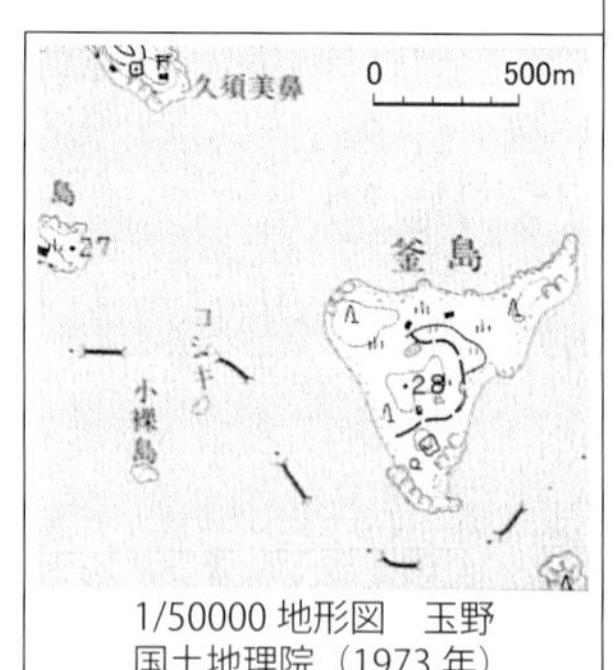

1/50000 地形図　玉野
国土地理院（1973年）

平成20・21年の現況

- 記念碑　発見できず
- 学校跡　発見（校舎、門柱）
- 神社　発見（塩釜神社）
- 祠・地蔵等　発見
- 寺・墓地等　発見できず
- 家屋　発見（民宿跡）
- 道路状況　未舗装（クルマは入れない）
- 電線　無し
- 田畑　無し
- ＊交通手段　チャーター船［6・7名］

密な笹藪・竹藪となっており、場所の見当はついていたがたどり着くことはできなかった。

1年後、同じ六口島の宿に泊まり7名でリベンジした（先の6名は全員参加）。島東側の砂浜から島に上陸し、GPSを駆使し、草刈り機で笹藪・竹藪を切り拓くことで、分校跡の建物を見つけることができた。浜から200mほどだが、分校跡まで1時間かかった。

【平成20年1月18日（日）、平成21年3月7日（日）訪問】

砂浜に到着するチャーター船（平成20年）

電柱を目印に藪を切り拓く（平成21年）

藪の中、分校跡校舎を見つける

71 久田上原（くたかみのはら）

岡山県苫田郡鏡野町久田上原
戸　数　26戸（昭和63）
移転年　平成7年（1995年）
ダム建設のため移転【農山村】
※旧久田村は367戸（昭和63）

久田上原（くたかみのはら）は吉井川中流域にあり、小学校跡の標高は215m、JR津山駅からは18km（クルマで36分）である。上原など5集落あった苫田郡（とまたぐん）久田村（くたそん）（昭和30年合併で苫田村）は、苫田ダム（平成16年竣工）建設のため自治体規模の廃村となった。

久田上原には、金婚式祝いの旅で大阪在住の両親とともに訪ねた。国道から枝道に入り、苫田ダムのダム湖（奥津湖）沿いを走ると、「赤壁邸」という水没した古民家を再生したという観光施設があったが、営業していなかった。少し進んだ記念碑公園には「団結之碑」「団結之碑の由来碑」「久田小学校百周年記念碑」など、多くの碑が建っていた。

平成23年の現況

- 記念碑　発見（団結之碑ほか【下原】）
- 学校跡　発見できず
- 神社　発見（久田神社【河内】）
- 祠・地蔵等　発見
- 寺・墓地等　発見できず　＊かつて寺あり【土生】
- 家屋　発見（赤壁邸【下原】）
- 道路状況　舗装
- 電線　あり
- 田畑　無し
- ＊交通手段　レンタカー［3名］

1/50000 地形図　津山西部
国土地理院（1971 年）

久田小学校は、へき地等級無級、児童数338名（昭和34）、明治7年開校、平成4年閉校。記念碑公園は久田下原（しものはら）（かつての村役場所在地）にあり、学校や郵便局があった久田上原は記念碑公園の1km上流側にあった。湖の端、国道沿い（所在地は河内（こうち））にある久田神社には、旧久田村の大きさを彷彿させる存在感があった。

【平成23年10月1日（土）訪問】

古民家「赤壁邸」は営業していなかった

記念碑公園・「久田小学校百周年記念碑」

村の大きさを彷彿させる久田神社

72 坊床（ぼうとこ）

島根県安来市広瀬町東比田字坊床
戸数 19戸（昭和35・6）
移転年 昭和46年（1971年）
個別移転【戦後開拓集落】

坊床は中海に注ぐ飯梨川源流部の高原にあり、分校跡の標高は620m、広瀬町中心部から19㎞（クルマで40分）である。開拓集落は昭和21年、満蒙開拓の引揚者が入植して成立したが、四半世紀後（昭和46年）、その歴史を閉じた。

初めての坊床は、単独でJR出雲市駅からレンタカーで出かけた。「集落跡は放牧場になっている」と耳にしていたが、訪ねてみると放牧場も跡地となっていた。車道沿いに建物の屋根が見えたので、草をかき分けて近づくと、2棟の建物のうち1棟は大きな牛舎の廃墟だった。後の調べで、この建物は離村の頃に作られた乳牛育成所の跡ということがわかった。

1/50000 地形図　横田
国土地理院（1978年）

平成30年の現況

- 記念碑　発見（分校跡の碑）
- 学校跡　発見（跡地）
- 神社　発見できず
- 祠・地蔵等　発見できず
- 寺・墓地等　発見できず
- 家屋　発見（乳牛育成所跡）
- 道路状況　舗装・未舗装混在
- 電線　無し
- 田畑　無し

＊交通手段　友人の自動車［2名］

2度目は強い雨の中、友人の榊原さんとともに出かけた。東比田（ひがしひだ）小学校坊床分校は、へき地等級不明、児童数9名（昭和37）、昭和37年開校、同46年閉校。初訪時は見当がつかなかった分校跡だが、事情に詳しい榊原さんの先導で草藪をかき分けて進むと、広葉樹（クスノキ）の下に「ここに分校があった」ことを示す跡地の碑を見つけることができた。

【平成29年7月10日（日）、平成30年9月9日（日）訪問】

放牧場の名残りが見られる（平成29年）

子牛育成所跡の建物が残る

分校跡の碑が見つかった（平成30年）

73 広見（ひろみ）

島根県益田市匹見町匹見字広見
戸　数　29戸（昭和37・11）
移転年　昭和45年（1970年）
集落再編成事業で移転【農山村】

広見（ひろみ）は日本海に注ぐ高津（たかつ）川水系広見川沿いにあり、学校跡の標高は598m、匹見（ひきみ）町中心部から9km（クルマで20分）である。広見小学校跡の校舎は平成20年2月、恐羅漢（おそらかん）スキー場（広島県旧戸河内（とごうち）町）から道に迷ったスノーボーダー7名がたどり着き、避難場所として2晩過ごしたことで知られる。

広見には、4月下旬に友人の榊原さんと二人で出かけた。三坂峠を越えて島根県に入り、特徴的なカーブを曲がると、その内側には「甲佐家屋敷跡」の碑が建っていた。碑の表面には往時の屋敷の写真が貼られており、裏面には「幾人も産声あげし広見の地も一度住みたい皆と共に」という詩が刻まれていた。

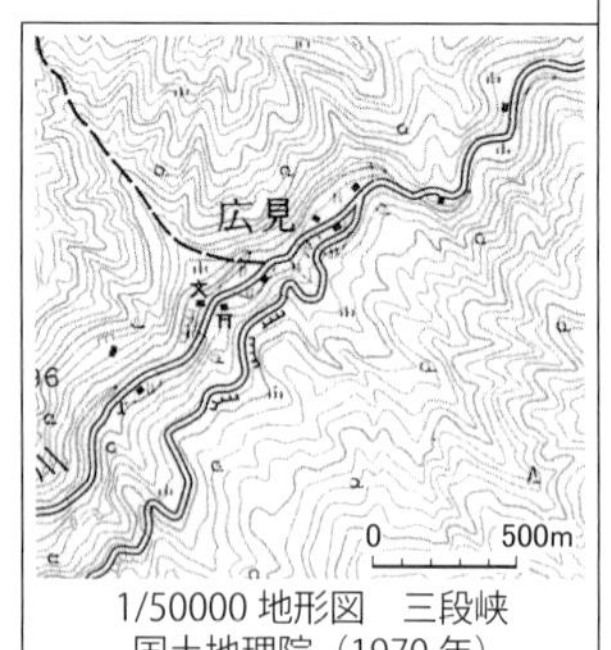

1/50000 地形図　三段峡
国土地理院（1970年）

平成23年の現況

- 記念碑　発見（複数の屋敷跡碑）
- 学校跡　発見（校舎、門柱、校庭）
- 神社　発見できず
- 祠・地蔵等　発見できず
- 寺・墓地等　発見できず
- 家屋　発見（校舎）
- 道路状況　舗装
- 電線　無し
- 田畑　無し

* 交通手段　友人の自動車［2名］

広見小学校は、へき地等級2級　児童数31名（昭和34）、明治17年開校、昭和45年閉校。学校跡校舎では、林業関係の事務所として再利用された頃に作られたと思われるかまどや風呂場が見当たった。体育館には二段ベッドが設けられていた。学校跡から下流側へと探索を続けると、タイル張りの風呂と「飛石家屋敷跡」の碑を見つけることができた。

【平成23年4月23日（土）訪問】

国道沿いに建つ「甲佐家屋敷跡」の碑

枯草原に建つ「久留須家屋敷跡」の碑

広見に唯一残る建物・学校跡校舎

74 藤尾堂前（ふじおどうのまえ）

広島県福山市新市町藤尾字堂前
戸　数　11戸（昭和31・12）
移転年　昭和56年（1981年）頃
個別移転【農山村】
※藤尾村は216戸（昭和31）

藤尾堂前（ふじおどうのまえ）は備後灘（びんご）に注ぐ芦田川水系神谷川（かや）沿い山腹にあり、学校跡の標高は461m、JR福山駅から31㎞（クルマで1時間5分）である。芦品郡（あしな）藤尾村（昭和34年新市町（しんいち）に大部編入）の山腹部は現在無住となっている。中心部の堂前（地形図では梶屋とある）には村役場、学校、郵便局があった。

藤尾堂前には、友人の武部将治さん（岡山県在住）と一緒に出かけた。旧藤尾村の一角 板橋までバスで行き、商店で一服しているうちに武部さんのクルマが到着した。梶屋の三差路まではクルマで向かったが、積雪のためその先は歩いた。堂前では、まず荒神社の祠にご挨拶した後、車道から向かって左側の

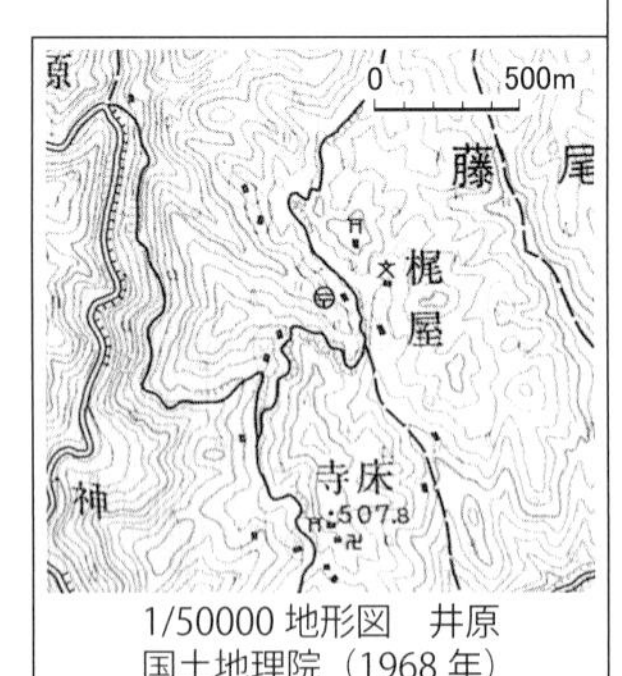

1/50000 地形図　井原
国土地理院（1968年）

平成26年の現況

・記念碑	発見できず
・学校跡	発見（校舎、校庭）
・神社	発見（八幡神社）
・祠・地蔵等	発見（荒神社祠）
・寺・墓地等	発見できず
・家屋	発見（郵便局舎ほか）
・道路状況	舗装
・電線	あり
・田畑	無し
＊交通手段	バス＋友人の自動車＋徒歩［2名］

枝道に入った郵便局跡には、局舎が残っていた。続いて八幡神社、小学校跡を探索した。藤尾小学校は、へき地等級1級、児童数130名（昭和34）、明治11年開校、昭和53年休校、平成12年閉校。車道から向かって右側の枝道を進むと、体育館と木造モルタル二階建ての校舎が建っていた。最後に村役場跡を訪ねたところ、ガレキの中にガラス入りの窓枠が見つかった。

【平成26年2月11日（火祝）訪問】

堂前・荒神社の祠にご挨拶

藤尾郵便局跡、局舎が残る

藤尾小学校跡、体育館と校舎が残る

75 向畑(むかいばた)

山口県岩国市錦町広瀬字向畑
戸　数　26戸（昭和33・7）
移転年　平成10年（1998年）頃
個別移転【農山村】

向畑(むかいばた)は安芸灘(あき)に注ぐ錦川中流域の山腹にあり、分校跡の標高は355m、錦町中心部から7㎞（クルマで20分）である。平家（広実左近頭(ひろざねさこんのかみ)）の落人伝説があり、左近桜、広実申し（神楽の舞がある祭り）など、伝説にまつわる史跡や文化がある。

初めての向畑は、4月下旬に友人の榊原さんと出かけた。錦町の宿の女将さんは「向畑への道は狭くて危ないから」と、向畑出身の地域の方（藤村緑さん）に電話をかけてくれた。左近桜の盛りは終わっていたが、藤村さんから左近桜や広実申し、住む人がいなくなった向畑の現況について、話をうかがうことができた。広瀬小学校向畑分校は、へき地等級1級、児童数24

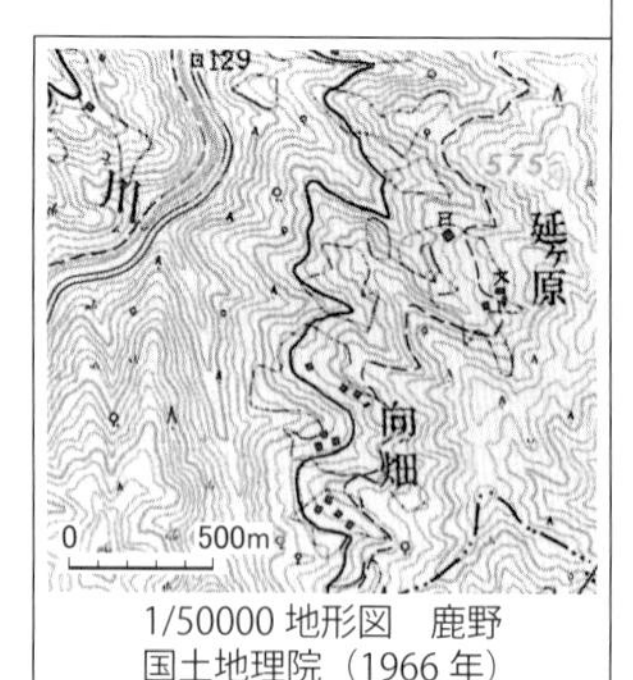

1/50000 地形図　鹿野
国土地理院（1966年）

平成24年の現況

- ・記念碑　発見（庭園合作碑【延ヶ原】）
- ・学校跡　発見（校舎）
- ・神社　発見（広実神社）
- ・祠・地蔵等　発見できず
- ・寺・墓地等　発見できず
- ・家屋　発見
- ・道路状況　舗装
- ・電線　あり
- ・田畑　無し
- ＊交通手段　友人の自動車［2名］

名（昭和34）、明治12年開校、昭和47年閉校。分校跡校舎の入口には「向畑書道館」「広実左近頭神楽団」という貼紙があり、中には卒業生の自画像や神楽団の新聞記事などが見られた。

2度目は4月上旬に榊原さんなど3名で出かけたが、左近桜はまだ咲いていなかった。しかし、藤村緑さんと再会でき、延ケ原（のぶがはら）の旧向畑分校跡地へ案内していただいた。

【平成23年4月24日（日）、平成24年4月7日（土）訪問】

花の盛りが終わった左近桜（平成23年）

向畑の家屋と分校跡校舎

校舎には卒業生の自画像が残っていた

76 大月（おおづき）

山口県山口市徳地船路字大月
戸　数　21戸（昭和33・7）
移転年　昭和60年（1985年）頃
個別移転【農山村】

大月（おおつき）は周防灘（すおう）に注ぐ佐波川（さば）支流の源流部にあり、分校跡の標高は417m、徳地（とくじ）町中心部から13km（クルマで26分）である。旧徳地（とくぢ）町（平成17年、合併により山口市）には、「重源の郷（ちょうげんのさと）」という集落跡地を活用したテーマパークがある。

初めての大月には、軍艦島つながりの友人 長崎ゆかりさんと出かけた。手前の集落の奥河内（おくこうち）から大月までは2km弱。「これより先は廃村」という雰囲気のゲートがあり、坂道をゆっくりと上がっていくうちに最初の家屋に到着した。道に沿って小川が流れ、棚田跡のウメは花を咲かせていた。八坂（やさか）小学校大月分校は、へき地等級1級、児童数14名（昭和34）、明治36年開校、

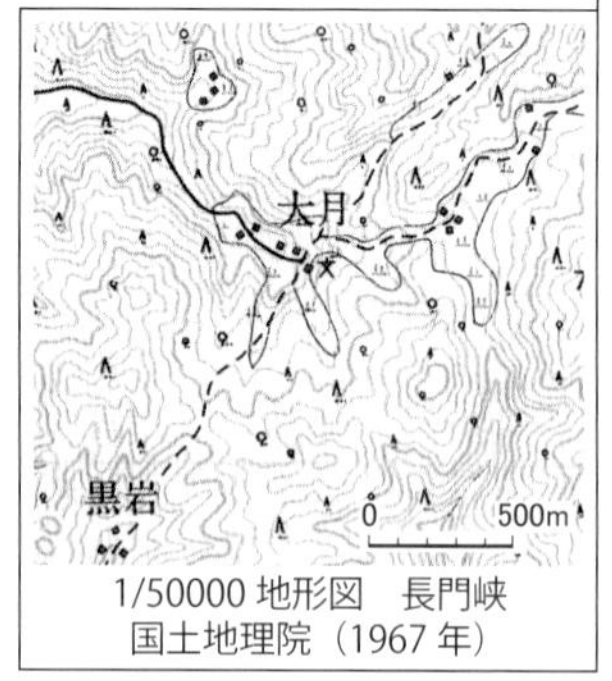

1/50000 地形図　長門峡
国土地理院（1967年）

平成31年の現況

- 記念碑　発見できず
- 学校跡　発見（門柱、平地）
- 神社　発見（小さな社）
- 祠・地蔵等　発見
- 寺・墓地等　発見できず
- 家屋　発見（複数の家屋）
- 道路状況　舗装
- 電線　あり
- 田畑　無し
- ＊交通手段　友人の自動車［3名］

昭和47年閉校。分校跡では、コンクリ造りの門柱が確認できた。お地蔵さんに手を合わせてさらに坂道を上がると、道を挟んで左右に萱葺き屋根の家屋が並んでいた。

それから17年経って再訪した大月に、棚田跡のウメは見当たらず、分校跡の雰囲気も変わっていた。萱葺き屋根の家屋は崩れていたが、出入口にその面影を感じることができた。

【平成14年3月23日（土）、平成31年4月13日（土）訪問】

萱葺き屋根の家屋が建つ（平成14年）

家屋の窓明かりは、眼の光と似ていた

出入口だけが残った家屋（平成31年）

四　国

四国の廃校廃村は 59 ヵ所で、「廃村千選」全国総数（1,050 ヵ所）の 5.6％にあたる。4 県の中では愛媛県の 23 ヵ所が最も多く、高知県が 21 ヵ所でこれに次ぐ。

59 ヵ所の分布をみると、徳島県美馬（みま）市近辺、愛媛県四国中央市、新居浜（にいはま）市、西条市、高知県安芸（あき）市近辺への集中が目を引く。四国の廃村密度は 3.1 ヵ所 / 千 km²である。

昭和 63 年、岡山県と香川県の間に瀬戸大橋が開通し、自動車や鉄道で本州と往来できるようになった。瀬戸内海側（香川県、愛媛県、徳島県の大部）と太平洋側（高知県、徳島県の一部）に大別される。廃村の数は瀬戸内海側が 38 ヵ所、太平洋側が 21 ヵ所となる。

廃校廃村を産業別にみると、戦後開拓集落が 7 ヵ所（四国総数の 11.9％）、鉱山集落が 6 ヵ所（同 10.2％）ある。農山村は 37 ヵ所（同 62.7％）ある。また、ダム関係は 6 ヵ所（同 10.2％）である。

人口増減率（S.50 － H.27 の 40 年間）をみると、香川県を除く 3 県は減少しており、特に高知県の減少率が最も高い。国勢調査人口のピークは、愛媛県が昭和 60 年、香川県が平成 7 年、徳島県と高知県は高度経済成長期以前である。

表 9　四国の人口統計

県名	人口［人］(H.27)	面　積［km²］	人口密度［人／km²］	増減率［%］(H.27/S.50)	廃村数
香川県	976,263	1,876.7	520.2	1.6	3
徳島県	755,733	4,146.7	182.3	△ 6.1	12
愛媛県	1,385,262	5,676.1	244.1	△ 5.5	23
高知県	728,276	7,103.9	102.5	△ 9.9	21
四国　計	3,845,534	18,803.4	204.5	△ 4.8	59

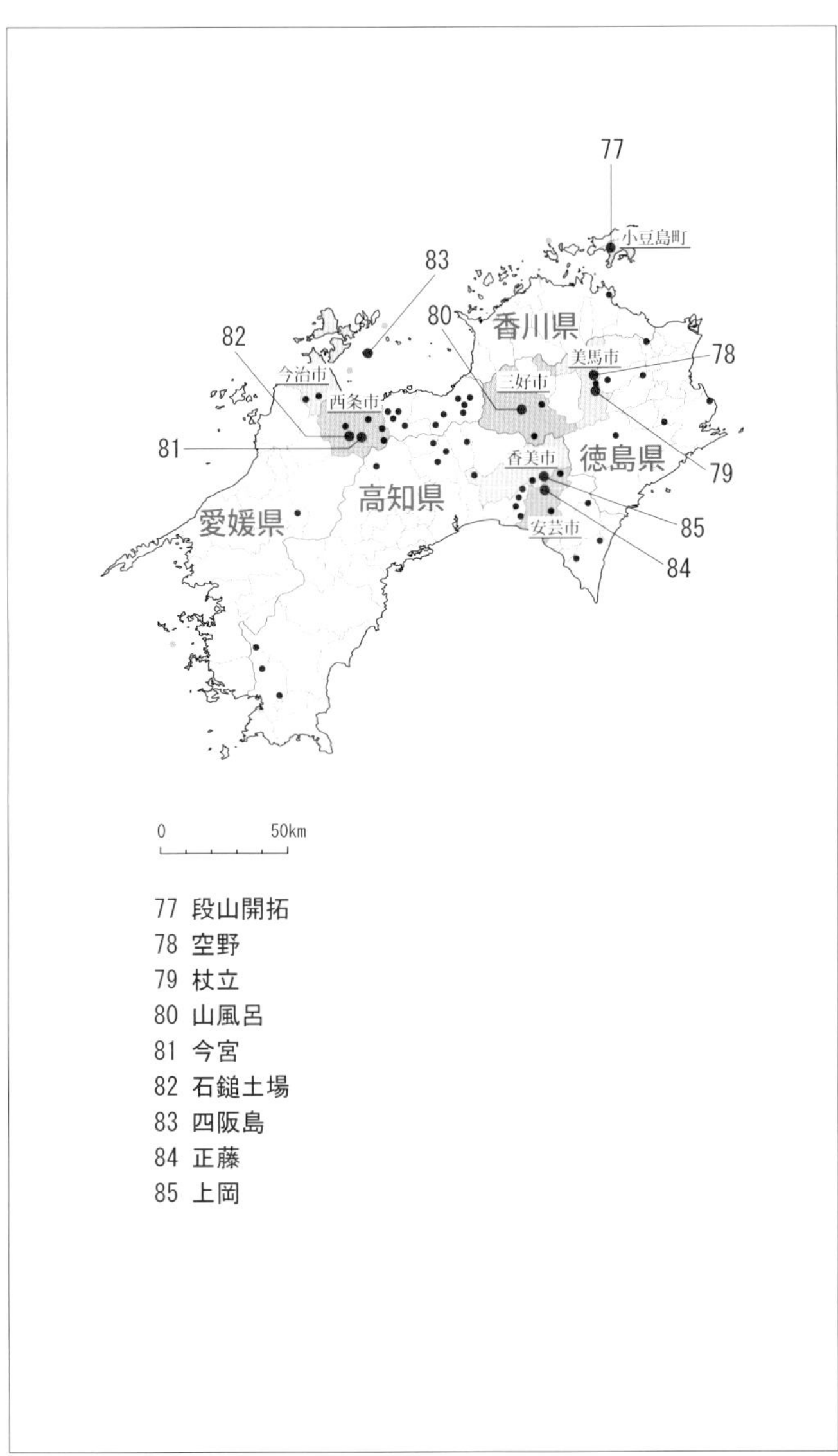
77
小豆島町
83
80
香川県
82
78
美馬市
今治市
三好市
西条市
81
香美市
徳島県
79
高知県
愛媛県
85
安芸市
84
0
50km
77 段山開拓
78 空野
79 杖立
80 山風呂
81 今宮
82 石鎚土場
83 四阪島
84 正藤
85 上岡

77

段山開拓（だんやまかいたく）

香川県小豆郡小豆島町池田段山開拓
戸　数　12戸（昭和33）
移転年　昭和38年（1963年）
個別移転【戦後開拓集落】

段山開拓（だんやまかいたく）は瀬戸内海に浮かぶ小豆島（しょうどしま）の高原面にあり、分校跡の標高は554m、池田市街からは8km（クルマで18分）である。開拓は、満州などからの引揚者、国内の戦災罹災（りさい）者、地元民による混合集団により行われた。

段山開拓の跡地には、別荘地「小豆島ヴィラ」が造成されている（昭和45年分譲開始）。国道の三差路からヴィラに通じる道筋は、開拓の頃とあまり変わらない。ただ、道の路面は荒れており、クルマはほとんど通らない。ヴィラ中心部のロータリーにスクーターを停めて、管理事務所に向かうと、閉ざされた入口には「破産」の公示が貼られていた（平成25年破産）。

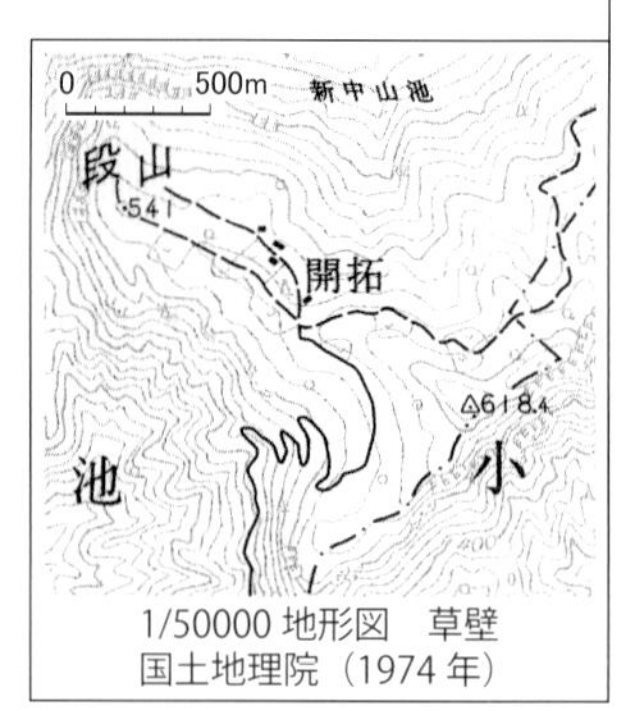

1/50000 地形図　草壁
国土地理院（1974年）

平成26年の現況

- 記念碑　発見できず
- 学校跡　発見できず
- 神社　発見できず
- 祠・地蔵等　発見
- 寺・墓地等　発見できず
- 家屋　発見（大半が閉ざされた別荘）
- 道路状況　舗装
- 電線　あり
- 田畑　無し

＊交通手段　レンタスクーター［単独］

池田小学校嶮岨山（けんそざん）分校は、へき地等級3級、児童数5名（昭和34）、昭和23年開校、同36年休校、同44年閉校。分校跡は管理事務所がある辺りだが、痕跡を探す術はなかった。すぐそばの10階建てリゾートマンションにも、人の気配はまったくなかった。廃墟探索のような気分で別荘地内を走ると、「石の館」という施設から内海（うちのみ）湾を見下ろすことができた。

【平成26年6月30日（月）訪問】

分校跡辺り、別荘地は破産していた

雑草が生え始めたテニスコート

「石の館」から見下ろした内海湾

78

空野（あきの）

徳島県美馬市穴吹町穴吹字野山
戸　数　15戸（昭和35）
移転年　平成17年（2009年）
個別移転【戦後開拓集落】

空野は吉野川水系穴吹川支流流域の山上付近にあり、分校跡の標高は614m、JR穴吹駅からは9km（クルマで25分）である。開拓は満州から引き揚げた開拓団により行われた。

高越山の中腹にある空野への道は、「これでもか」というぐらい曲がりくねっており、穴吹市街からの高低差は500m以上ある。車道の行止まりには町営の放牧場があって、入口には「空野開拓碑」が建っていた（平成9年建立）。碑の前からは、立体的な吉野川の流れが見えた。穴吹小学校空野分校は、へき地等級1級、児童数13名（昭和34）、昭和26年開校、同49年休校、平成2年閉校。集落跡は放牧場の手前にあり、戻って歩いて探

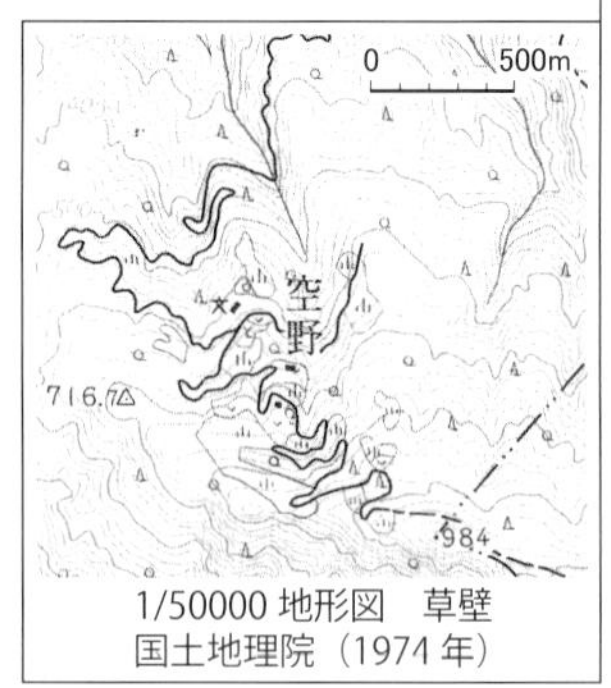

1/50000 地形図　草壁
国土地理院（1974年）

平成22年の現況

- 記念碑　発見（開拓碑）
- 学校跡　発見（校舎、鉄棒、防風林）
- 神社　発見できず
- 祠・地蔵等　発見できず
- 寺・墓地等　発見できず
- 家屋　発見
- 道路状況　舗装
- 電線　あり
- 田畑　あり
- ＊交通手段　バイク［単独］

索を始めたところ、イヌを乗せた軽トラがやってきて、元住民の方（田浦春夫さん）と出会った。ご挨拶をして分校跡のことを尋ねると、案内していただくことになった。分校跡には傷みながらも木造校舎が残っており、入口の脇には鉄棒が見られた。田浦さんは「麓に越した今も、畑や山の手入れで週に一度は空野に通っている」と話された。

【平成22年8月7日（土）訪問】

高台の牧場に「空野開拓碑」が建つ

傷みながらも木造校舎が残っていた

校舎の中には教室の匂いがあった

79 杖立（つえたて）

徳島県美馬市穴吹町古宮字杖立
戸　数　17戸（昭和35）
移転年　昭和50年（1975年）
個別移転【農山村】
※単独行は勧めない

杖立（つえたて）は吉野川水系穴吹（あなぶき）川支流（境谷）流域の山腹にあり、分校跡の標高は776m、JR穴吹駅からは16㎞（クルマ＋徒歩で2時間）である。杖立という地名は、「杖を立てて休みながら行くような険しい地形に由来する」ものと思われる。

一度目の杖立は、本校方向の古宮大平（ふるみやおおひら）から向かった。現在地と時間を地図の写しにプロットしながら荒れた山道を歩いたが、三つ目の谷が崩落しており、撤退を余儀なくされた。

その2か月後のリベンジ時は、口山新名（くちやましんみょう）からの峠越えの道を使った。林道の終点から延長線の山道を歩き、急勾配の山肌を這い上り、峠を越えた先の崩落箇所は上を巻いて進み、勘を頼

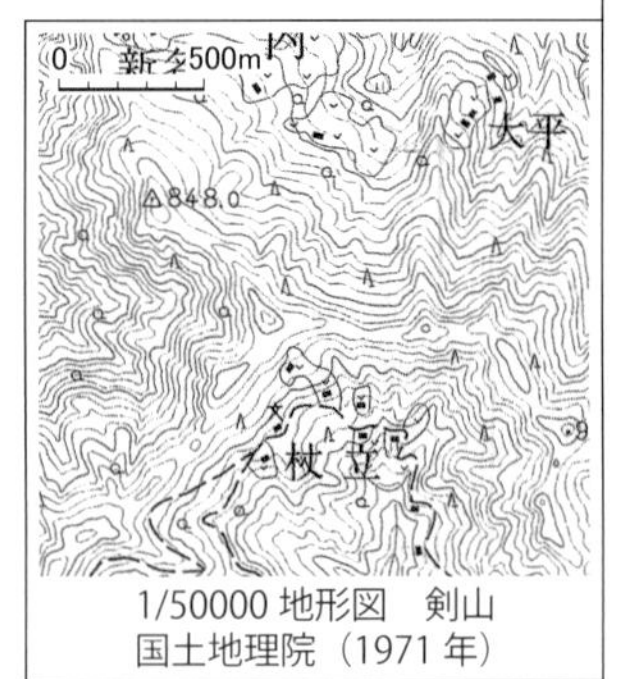

1/50000 地形図　剣山
国土地理院（1971年）

平成29年の現況

- 記念碑　発見できず
- 学校跡　発見（石垣、基礎、水回り）
- 神社　発見できず
- 祠・地蔵等　発見
- 寺・墓地等　発見できず
- 家屋　発見できず
- 道路状況　未舗装（けもの道）
- 電線　無し
- 田畑　無し

＊交通手段　レンタカー＋徒歩［単独］

りにスギ林の中を斜めに下っていくと、石垣や家屋の瓦礫が見つかった。半平小学校杖立分校は、へき地等級3級、児童数8名（昭和34）、明治18年開校、昭和44年閉校。雑木に覆われた石垣上の分校跡では建物基礎と水回り（風呂とトイレ）が見られた。分校跡の少し先、稜線上にはお地蔵さんがいて、その前に徳利と猪口があったので、水を供えて手を合わせた。

【平成29年12月2日（土）訪問】

峠－杖立間、勘を頼りにスギ林の中を歩く

分校跡では建物基礎と水回りが見られた

稜線上のお地蔵さんに手を合わせる

80

山風呂（やまぶろ）

徳島県三好市池田町松尾字山風呂
戸　数　4戸（昭和55・10）
移転年　昭和58年（1983年）頃
個別移転【農山村】

山風呂（やまぶろ）は吉野川水系松尾川支流（山風呂谷）流域の山腹にあり、分校跡の標高は702m、JR阿波池田駅からは28km（クルマ＋徒歩で1時間30分）である。集落は小規模だったが、池田町と西祖谷山村（にしいややまそん）にまたがっていた。

県道から山風呂へと続く枝道は、傾斜が急でかつ荒れており、歩いて向かって正解だった。やがて到着した集落にはしっかりした家屋が建っていたが、その先の道ははっきりとしなかった。出合（であい）小学校山風呂分校は、へき地等級3級、児童数4名（昭和34）、明治24年開校、昭和55年休校、同57年閉校。分校跡の校舎は斜面に沿うように建っており、続いて細長い校庭があった。

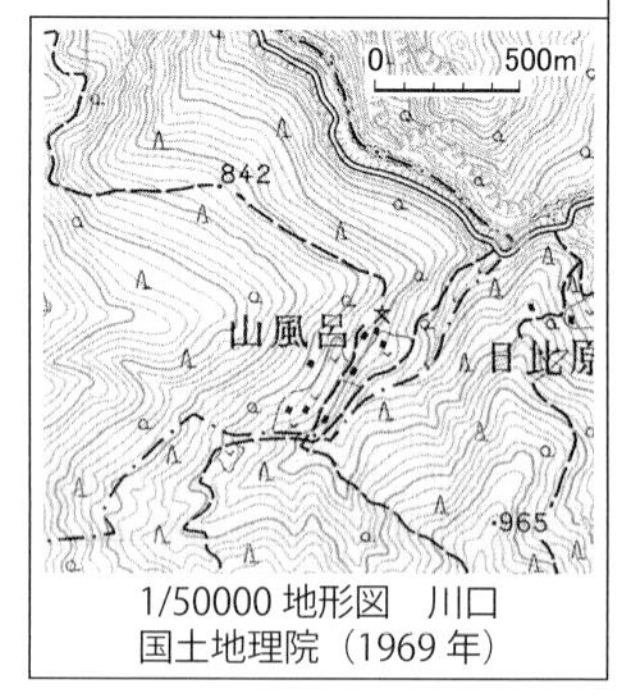

1/50000 地形図　川口
国土地理院（1969年）

平成28年の現況

- 記念碑　発見できず
- 学校跡　発見（校舎、校庭、遊具）
- 神社　発見できず
- 祠・地蔵等　発見
- 寺・墓地等　発見（お堂、墓石群）
- 家屋　発見（複数の家屋）
- 道路状況　未舗装
- 電線　無し
- 田畑　無し
- ＊交通手段　レンタカー＋徒歩［単独］

分校跡の上方にはお堂が建っており、路傍の仏様に挨拶をして先に進むと、今にも崩れそうな草屋根の家屋が見られた。分校跡の下方で見られた墓石群は、人の気配のない中、整然としていた。校庭や墓石群まわりに雑草が少ないのは、季節柄ばかりではないように思えた。帰路で見かけた茶畑跡では、枯れた茶の木が白くなって、光に照らされていた。

【平成28年1月11日（月）訪問】

斜面に沿うように建つ分校跡校舎

今にも崩れそうな萱葺き屋根の家屋

人の気配がない中、整然とした墓石群

81 今宮（いまみや）

愛媛県西条市中奥字今宮
戸　数　33戸（昭和30）
移転年　昭和59年（1984年）
個別移転【旅籠町】

今宮（いまみや）は石鎚（いしづち）山の中腹、石鎚登拝道の途中にある旅籠（はたご）町で、分校跡の標高は627m、西条市街からは26km、石鎚ロープウェイ下谷（しもたに）駅からは4km（クルマ＋徒歩で30分）である。昭和43年、ロープウェイの開通で旅籠町は一気に寂れた。

初訪時、バイクで訪ねた集落跡はまずまず整然としていて、人の営みが感じられた。手前に残る「丸一屋」と、少し山に入った「表屋」が印象に残ったが、分校跡は見つからなかった。

14年後の再訪時は林道の途中、法面（のりめん）崩落箇所越えに苦労した。集落全体が木々に埋もれており、人が出入りする様子は極めて薄かった。「丸一屋」は屋根を見るだけだったが、「表屋」に

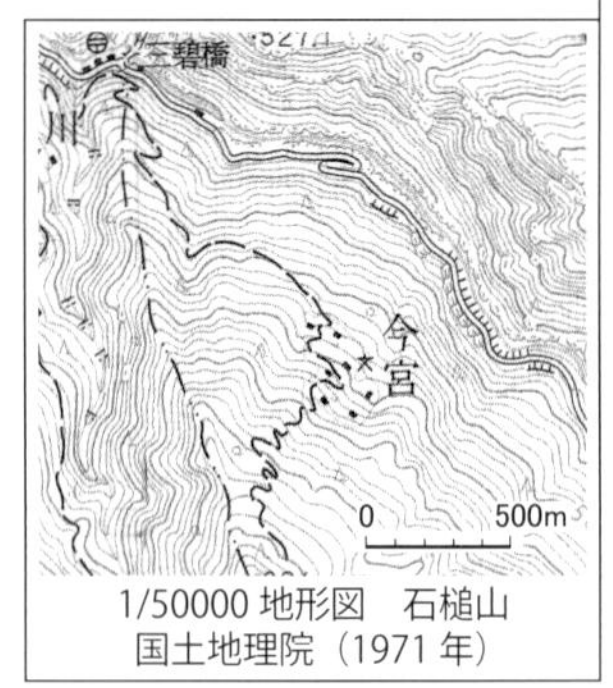

1/50000 地形図　石槌山
国土地理院（1971年）

平成30年の現況

- 記念碑　発見（卒業記念碑）
- 学校跡　発見（校舎、校庭）
- 神社　発見できず
- 祠・地蔵等　発見
- 寺・墓地等　発見
- 家屋　発見（複数の旅籠跡）
- 道路状況　舗装・未舗装混在
- 電線　あり
- 田畑　無し

＊交通手段　レンタカー＋徒歩［単独］

はたどり着くことができた。高嶺（たかみね）小学校今宮分校は、へき地等級2級、児童数20名（昭和34）、明治44年開校、昭和47年閉校。林道を奥まで歩いてたどり着いた学校跡校舎は、一段低い場所にあった。灌木や草に埋もれた校舎だが、中はさっぱりとしていて、廊下や教室に面影が感じられた。校舎内の壁には直書きで「土地貸借契約書」（昭和31年）が記されていた。

【平成16年5月2日（日）、平成30年11月4日（日）訪問】

陽を浴びた「表屋」（平成16年）

木々に埋もれた「表屋」（平成30年）

面影を残す分校跡校舎の廊下

集落の記憶　愛媛県西条市今宮

◆今がいちばん幸せじゃ

私が子供の頃の今宮は、34戸の家があり、うち14～15戸が石鎚登拝の宿をしていた。宿のほか、主な仕事に箕作りがあった。箕は商品とするほか、近くの平野部の集落氷見では米や麦と物々交換した。

私の家は分校のそばにあって、少し下手には丸八旅館があった。丸八は元庄屋の大きな宿で、お山開き（例年7月1日～10日）では全国から百人以上の信徒が泊まり、軒の外まであふれるほど賑わうこともあった。正月三ガ日には餅のふるまいがあるので、子供たちはみんな丸八に集まった。子供たちが部屋の中で暴れてふすまを破いても、丸八のご主人はにこにこしていた。

家は宿ではなかったが、おさるさん（土産で「難が去る」という縁起物）を作ったり、丸八から案内状書き（多い時は年に一千枚）を頼まれたり、宿とのつながりがあった。

今宮道は石鎚登拝の表道で、お山開きでは二百名の白装束の信徒がご神体を担いで山に上

伊藤　幸さん

大正15年、大保木村今宮生まれ。西条市郊外在住。左隣は取材のきっかけを作っていただいた楠正光さん。

がったものだった。しかし、ロープウェイができてから今宮は一気に廃れ、分校閉校の年（昭和47年）、私の家は氷見に越した。氷見では電気部品工場に勤めて家計を支えた。15歳上の夫は平成10年に亡くなったが、最期に「最高の嫁やった」と言ってくれた。

村を離れて40数年経って、歩け歩け大会で今宮を訪ねたら、丸八の跡には大きな鉄なべが残っていた。今は三味線を弾いて詩をつくり、かずらの民芸品やおさるさんを作ることもある。今がいちばん幸せじゃ。体に痛むところはないし、まだまだやりたいことはある。

【平成30年12月15日（土）取材】

今宮分校校舎（上）とお山開きの幟が立つ丸八旅館（中央）

運動会が開かれた分校では子供たちの歓声が飛び交った

82

石鎚土場（いしづちどば）

愛媛県西条市小松町石鎚字土場ほか
戸　数　14戸（昭和37）
移転年　平成7年（1995年）頃
個別移転【農山村】
※旧石鎚村は160戸（昭和37）

石鎚土場は石鎚山麓北側を流れる加茂川沿いにあり学校跡の標高は275m、西条市街からは23㎞（クルマで46分）である。周桑郡石鎚村（昭和30年小松町と合併）は行政村の廃村で、虎杖に村役場、農協、土場に学校、保育所があった。

初訪時、妻とともにバイクで出かけた虎杖の農協跡建物には「周桑農協小松支所石鎚取扱所」の看板があった。石鎚小学校はへき地等級2級、児童数148名（昭和34）、明治41年開校、昭和52年閉校。土場の車道沿い、下り階段がある学校跡門柱から見下ろした校地では工事が行われていた。

14年後の再訪時、農協跡建物に看板はなく、淡緑色の塗装も

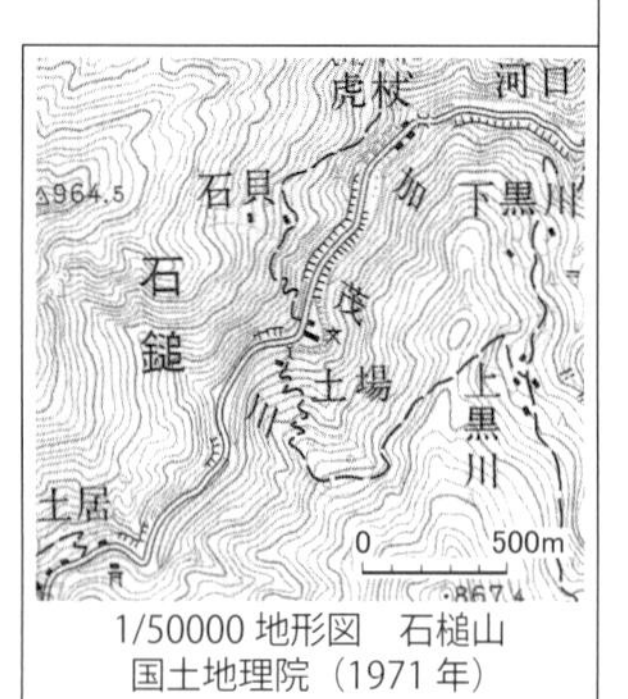

1/50000 地形図　石槌山
国土地理院（1971年）

平成30年の現況

- 記念碑　発見（造林記念碑）
- 学校跡　発見（門柱、校庭）
- 神社　発見（諏訪神社【土居】）
- 祠・地蔵等　発見
- 寺・墓地等　発見できず
- 家屋　発見（農協跡、保育所跡ほか）
- 道路状況　舗装
- 電線　あり
- 田畑　無し

＊交通手段　レンタカー［単独］

荒んでいた。石鎚小学校跡では、ガードレールが施された門柱、学校関係の建物と錆びた遊具、閉校後建設の養魚場跡が見当たったが、以前よりも人の気配が薄くなっていた。加茂川を渡った先にある石鎚保育所跡は再訪時に初めて訪ねた。木造平屋建ての建物が比較的きれいに残っており、「石鎚養蚕組合」の看板が見られた。外付けのトイレ棟も残っていた。

【平成16年5月1日（土）、平成30年11月4日（日）訪問】

虎杖・農協跡の建物（平成16年）

土場・下り階段がある石鎚小学校跡の門柱

保育所跡の外付けトイレ棟（平成30年）

83

四阪島（しざかじま）

愛媛県今治市宮窪町四阪島
戸　数　９８６戸（昭和30・７）
移転年　昭和52年（１９７７年）
事業の合理化で移転
【鉱山集落（離島）】

四阪島は瀬戸内海燧灘の真ん中にあり、面積は１・３平方㎞、海抜１１２ｍ、標高89ｍ（学校跡）。新居浜港、今治港からの距離はともに18㎞（船で40分）である。５つある島のうち、家ノ島には住友別子銅山（昭和48年閉山）の精錬所（昭和51年休止）が置かれ、美濃島には鉱山町が形成された。

四阪島には、今治港から比岐島経由、瀬渡し船を４名でチャーターして出かけた。住友の私有地で上陸できないため、周囲を時計回りに一周した。まずリサイクル工場がある家ノ島を、続いて家々が残る美濃島を見学した。家ノ島の海岸沿いの崖は、精錬所時代の銅鉱石のカラミでできているため黒っぽかった。

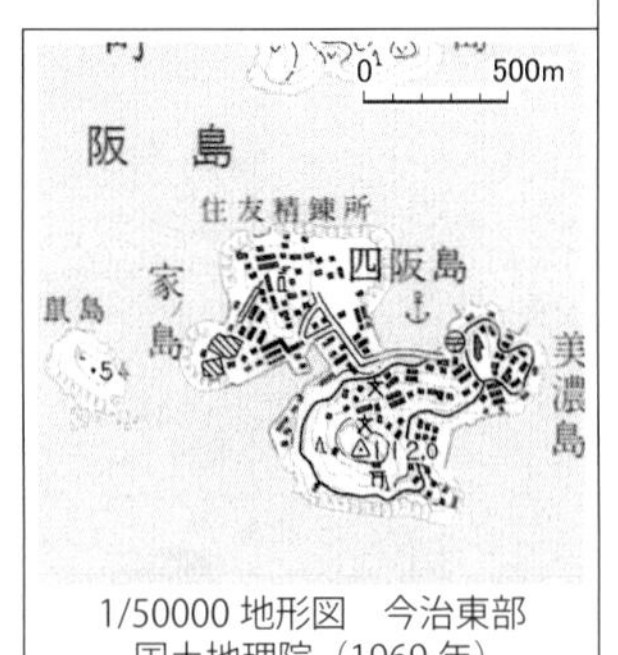

1/50000 地形図　今治東部
国土地理院（1969 年）

平成29年の現況

・記念碑　発見できず
・学校跡　発見（関係の建物）
・神社　発見できず　＊現地形図に記載
・祠・地蔵等　発見できず
・寺・墓地等　発見できず　＊かつて寺あり
・家屋　発見（工場施設、病院跡ほか）
・道路状況　舗装
・電線　あり
・田畑　無し
＊交通手段　チャーター船［４名］

美濃島では、四阪港から日暮（ひぐらし）別邸（平成30年、新居浜に移転）と病院跡を観察した。別子学園四阪島小学校（私立）は、児童数688名（昭和34）、明治34年開校、昭和36年公立へ移管、同52年閉校。美濃島の裏手では、海辺に建つRC造4階建て鉱員住宅の廃墟が存在感を醸し出しており、その上方の三角屋根の建物が小学校跡の施設だと後で知った。

【平成29年4月9日（日）訪問】

四阪島の遠景（左が家ノ島、右が美濃島）

家ノ島・住友のリサイクル工場が稼働する

美濃島・海岸沿いに残る鉱員住宅の廃墟

84 正藤（しょうとう）

高知県安芸市畑山乙字正藤
戸　数　15戸（昭和35）
移転年　昭和50年（1975年）
集落再編成事業で移転【農山村】

正藤(しょうとう)は土佐湾に注ぐ安芸(あき)川水系張(はり)川流域の山腹にあり、学校跡の標高は475m、安芸市街からは24㎞（クルマで50分）である。林道が通じたのは離村後のことで、それまでは畑山(はたやま)まで通じる山道が唯一の連絡道だった。

正藤にはダートの林道をオフロードバイクで走って向かった。道中、バイクの転倒で大腿骨を打撲したため、探索は杖をついて行った。たどり着いた正藤には柚子(ゆず)畑が広がっていたが、学校跡がどこにあるか見当がつかない。農作業をする地域の方（小松清子さん）にご挨拶をして学校跡について話をしたところ、幸いにも清子さんに案内をお願いできることになった。

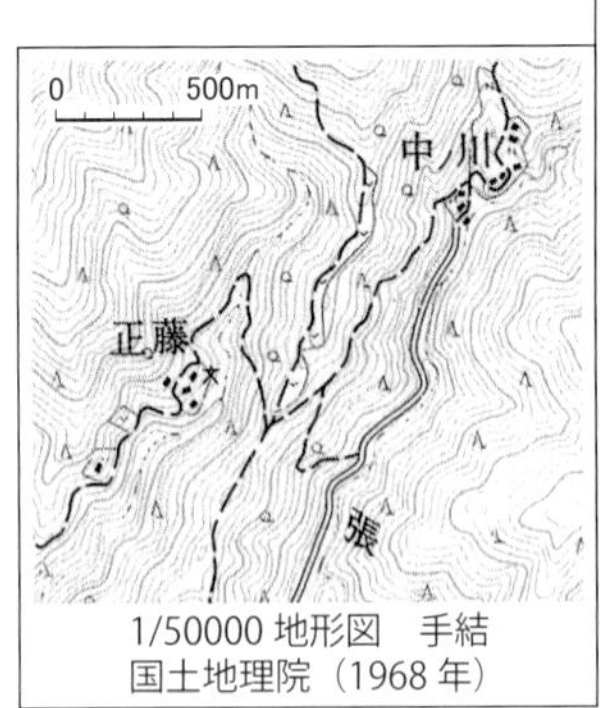

1/50000 地形図　手結
国土地理院（1968 年）

平成22年の現況

・記念碑　発見できず
・学校跡　発見（校舎）
・神社　発見（跡地）
・祠・地蔵等　発見できず
・寺・墓地等　発見できず
・家屋　発見（家屋ほか）
・道路状況　未舗装
・電線　無し
・田畑　あり（柚子畑）
＊交通手段　バイク［単独］

畑山小学校正藤分校（のち正藤小学校）は、へき地等級4級、児童数21名（昭和34）、明治32年開校、昭和50年閉校。学校跡は林道から急で細い山道を上って10分ほどの場所にあり、平屋の体育館、教職員住宅もしっかりと残っていた。途中通った集落跡では大破した家屋が見られたが、柚子畑の手入れで来られる方が多いためか、雰囲気は穏やかだった。

【平成22年8月8日（日）訪問】

正藤・林道沿いには柚子畑が広がる

校舎の前にも柚子が植えられていた

集落跡では大破した家屋が見られた

85

高知県香美市物部町上岡字瑞穂
戸　数　7戸（昭和36）
移転年　昭和37年（1962年）
個別移転【戦後開拓集落】
※単独行は勧めない

上岡（かみおか）は土佐湾に注ぐ物部（ものべ）川水系川之瀬（かわのせ）谷流域の尾根上にあり、分校跡の標高は828m、物部町中心部からは15㎞（クルマ＋徒歩で2時間40分）である。開拓集落は入植当初は成果を挙げたが、尾根上の暮らしは長くは続かなかった。

上岡には、探索仲間の大原一宏さん（高知県在住）と二人で出かけた。川之瀬谷の駐車場（標高440m）から上岡へ向かうルートは、渓谷を遡上するもしくは森林軌道跡を歩く部分（約1㎞）と急斜面のけもの道（往時の生活道）を登る部分（約1㎞）に大別される。渓谷部分は長靴を履いて、けもの道はスニーカーに履き替えて2時間強歩き、何とか上岡にたどり着いた。

1/50000 地形図　大栃
地理調査所（1960年）

平成28年の現況

- 記念碑　発見（分校跡地碑）
- 学校跡　発見（校舎）
- 神社　発見できず
- 祠・地蔵等　発見できず
- 寺・墓地等　発見できず
- 家屋　発見（小屋ほか）
- 道路状況　未舗装（けもの道）
- 電線　無し
- 田畑　無し

＊交通手段　友人の自動車＋徒歩［2名］

河口(かわぐち)小学校上岡分校は、へき地等級4級、児童数8名（昭和34）、昭和23年開校、同37年閉校。校舎は整った状態で残っており、校舎に沿って分校跡の碑が建っていた。現地探索では、放置された軽トラと索道の施設跡などを見つけた。上岡へ通じる車道はなく、軽トラは集落跡地が物部村営の牛の放牧場になっていた頃、索道で引き上げられたものと想像した。

【平成28年1月10日（日）訪問】

渓谷部分・森林軌道跡を歩く

分校跡校舎が整った状態で建つ

車道が通じない山上に軽トラが残る

九　州

九州の廃校廃村は 74 ヵ所で、「廃村千選」全国総数（1,050 ヵ所）の 7.0％にあたる。7 県の中では宮崎県の 26 ヵ所が最も多く、熊本県の 13 ヵ所がこれに次ぐ。

74 ヵ所の分布をみると、大分県佐伯（さいき）市、宮崎県西都（さいと）市に集中がある。九州の廃村密度は 1.8 ヵ所 / 千 ㎢である。

廃校廃村を産業別にみると、営林集落が 25 ヵ所（九州総数の 33.8％）、離島集落が 11 ヵ所（同 14.9％）ある。営林集落は宮崎県（15 ヵ所）に、離島集落は長崎県（8 ヵ所）に集中している。農山村が 25 ヵ所（同 33.8％）と比較的少ないのは、九州が温暖で積雪が少ないことに関係すると思われる。ダム関係は 8 ヵ所（同 10.8％）である。

人口増減率（S.50 － H.27 の 40 年間）をみると、長崎県の減少が目を引く。また、福岡都市圏を擁する福岡県の増加率が高く、H.22 － H.27 の 5 年間でも増加している。国勢調査人口のピークは、宮崎県が平成 7 年、佐賀県、長崎県、大分県、熊本県、鹿児島県は高度経済成長期以前である。

表10　九州の人口統計

県名	人口［人］(H.27)	面　積［㎢］	人口密度［人／㎢］	増減率［%］(H.27/S.50)	廃村数
福岡県	5,101,556	4,986.4	1,023.1	18.8	5
佐賀県	832,832	2,440.7	341.2	△ 0.6	2
長崎県	1,377,187	4,132.1	333.3	△ 12.4	11
大分県	1,166,338	6,340.7	183.9	△ 2.0	5
熊本県	1,786,170	7,409.4	241.1	4.1	13
宮崎県	1,104,069	7,735.3	142.7	1.8	26
鹿児島県	1,648,177	9,186.9	179.4	△ 4.4	12
九州　計	13,016,329	42,231.5	308.2	4.8	74

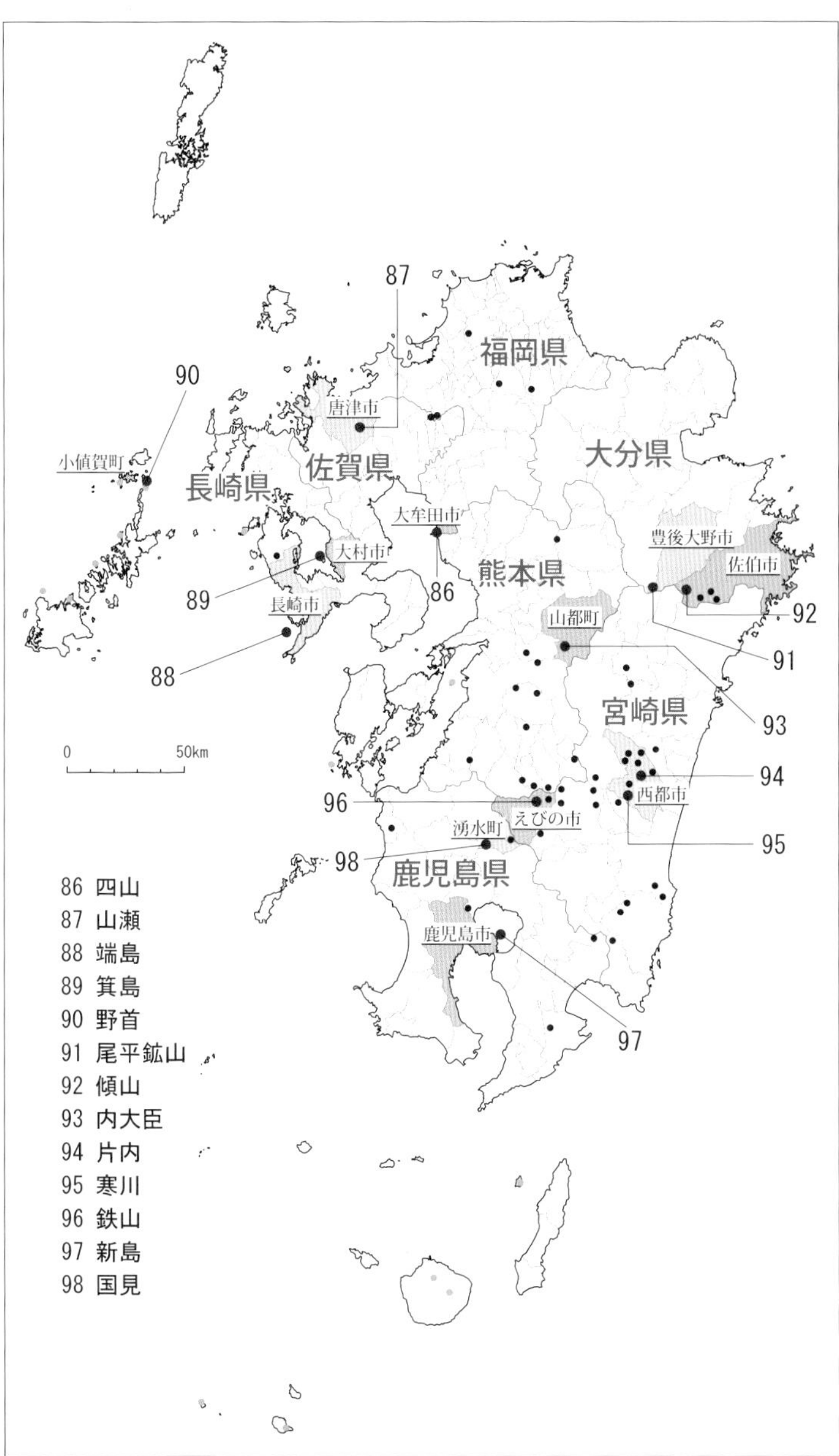
87
福岡県
90
唐津市
大分県
小値賀町
佐賀県
長崎県
大牟田市
豊後大野市
大村市
熊本県
佐伯市
89
86
長崎市
山都町
92
88
91
宮崎県
93
0
50km
94
西都市
96
えびの市
湧水町
95
98
鹿児島県
鹿児島市
97
86 四山
87 山瀬
88 端島
89 箕島
90 野首
91 尾平鉱山
92 傾山
93 内大臣
94 片内
95 寒川
96 鉄山
97 新島
98 国見

86 四山（よつやま）

福岡県大牟田市四山町
戸　数　144戸（昭和54・10）
移転年　平成2年（1990年）頃
事業の合理化で移転【炭鉱集落】

四山（よつやま）は有明（ありあけ）海沿岸三池（みいけ）港南側にあり、標高は5m（分校跡）、大牟田（おおむた）市街からは5㎞（クルマで10分）である。かつては三井三池炭鉱四山坑があり、昭和40年の閉坑後も炭住街は存続し、竪坑跡のヤグラが残っていた。炭鉱は平成9年に閉山した。

四山の探索、前半は友人の榊原さんと二人で、後半は前夜に地域の角打ち（かくうち）（酒店併設の飲み屋）で出会った藤島さんと三人で行った。まず県境の小山の頂にある山神祠（神社）を目指して柵がある薄暗い車道を歩くと、四山事業所跡の古びた門が見当たった。山神祠に続く階段は草に埋もれており、山頂には「福岡縣」と記された折れた石碑が残るばかりだった。

1/50000 地形図　大牟田
国土地理院（1967年）

平成21年の現況

- 記念碑　発見（県境の石碑）
- 学校跡　発見できず
- 神社　発見（山神祠跡）
- 祠・地蔵等　発見
- 寺・墓地等　発見できず
- 家屋　発見（工場の跡地）
- 道路状況　舗装
- 電線　あり
- 田畑　無し

＊交通手段　徒歩＋自動車［3名］

続いて熊本県側の四山神社で藤島さんと合流し、炭鉱集落跡を訪ねてそれぞれのペースで更地を探索した。三里（みさと）小学校四山分校はへき地等級無級、児童数283名（昭和34）、昭和30年開校、同48年閉校。更地に集落関係の痕跡は見当たらなかったが、所々に黒い地面が見られた。これは更地が閉山までの間、貯炭場として使われていたからのようだった。

【平成21年11月22日（土）訪問】

三井三池炭鉱 四山事業所跡の門

草に埋もれた山神祠跡へ向かう階段

炭鉱集落跡の更地、黒い地面が広がる

87 山瀬（やませ）

佐賀県唐津市浜玉町山瀬
戸　数　20戸（昭和34・8）
移転年　平成6年（1994年）
個別移転（居住あり）【農山村】

山瀬（やませ）は唐津（からつ）湾に注ぐ松浦川水系左伊岐佐（さいきさ）川源流部にあり、標高は504m（分校跡）、唐津市街からは20㎞（クルマで40分）である。住民がいなくなった翌年、そば店「狐狸庵（こりあん）」が開店し、平成24年夏には民宿「どさんこミラファーム」が開業した。

初訪の山瀬は、軍艦島つながりの友人 長崎ゆかりさんと出かけた。唐津駅でクルマを借りて、見帰りの滝を見物して、たどり着いた山瀬ではまず分校跡に足を運んだ。浜崎小学校山瀬分校はへき地等級3級、児童数24名（昭和34）、明治36年開校、平成3年休校、同7年閉校。整った校舎の中には陶芸や工作の道具があって、創作の場として活用されている様子だった。

平成26年の現況

- 記念碑　発見できず
- 学校跡　発見（校舎、校庭）
- 神社　発見できず
- 祠・地蔵等　発見
- 寺・墓地等　発見できず
- 家屋　発見（民宿、そば店など）
- 道路状況　舗装
- 電線　あり
- 田畑　あり
- ＊交通手段　レンタカー［単独］

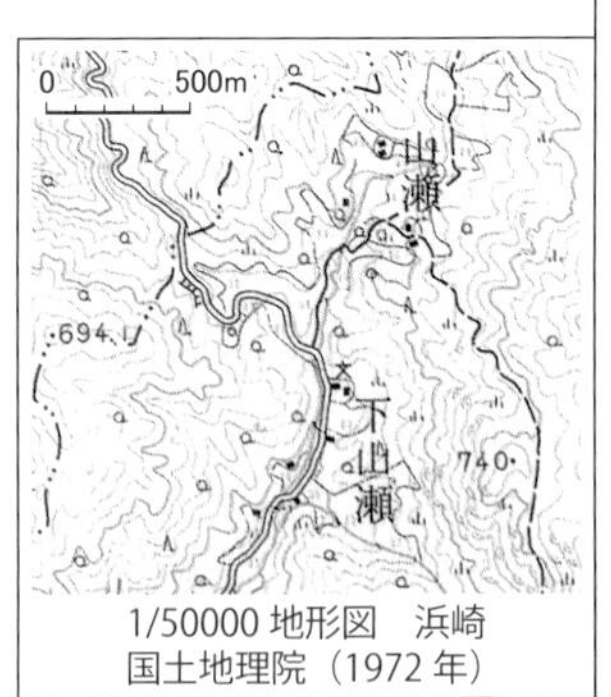

1/50000 地形図　浜崎
国土地理院（1972年）

続いて「狐狸庵」を訪ね、そばを食した。店のご主人（溝部昭さん）は神戸出身で、「阪神・淡路大震災を契機に、自然豊かな山瀬に転居した」とのこと。そば店の少し下流側には乗馬体験施設があった。施設の方（豊田健司さん）は福岡出身で、「近々ここで民宿を開業する」とのこと。再生した廃村 山瀬には、山間の静かさの中、ほどよい賑わいがあった。

【平成24年4月8日（日）、平成26年4月29日（火祝）泊訪問】

整った分校跡の校舎（平成24年）

分校時代の掲示が残る校舎の廊下

公民館を改装したそば店「狐狸庵」

88 端島（はしま）

長崎県長崎市高島町端島
人　口　５２５９人（昭和34）
移転年　昭和49年（１９７４年）
炭鉱閉山のため移転
【炭鉱集落（離島）】

端島（はしま）は野母（のも）半島沖合い５kmにある離島で、面積は０・０６平方km、周囲１・２km、海抜40m、標高５m（学校跡）。長崎港からの距離は20km（船で40分）である。三菱高島炭鉱端島坑の炭鉱町で、島にはアパートが密集したが、昭和49年に閉山し、同時に無住化した。その外観から「軍艦島」と呼ばれる。

初めての端島は、お盆頃に２名で出かけた。足には泊まった民宿の宿主のモーターボートを使った。端島小学校は、へき地等級無級、児童数８３４名（昭和34）、明治26年開校、昭和49年閉校。学校跡校舎の７階から見渡す海はとても青かった。

２度目は、同じ年の秋の終わり頃、坂本道徳（どうとく）さん（現ＮＰＯ

平成12年の現況

・記念碑	発見できず
・学校跡	発見（校舎、校庭）
・神社	発見（端島神社）
・祠・地蔵等	発見
・寺・墓地等	発見できず　＊かつて寺あり
・家屋	発見（炭鉱アパートほか）
・道路状況	舗装（クルマは入れない）
・電線	無し
・田畑	無し
＊交通手段	海上タクシー［11月、20名］

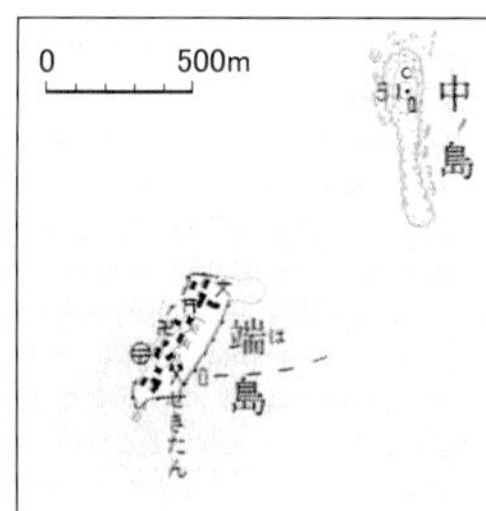

1/50000 地形図　野母崎
国土地理院（1973 年）

法人「軍艦島を世界遺産にする会」理事長）をまとめ役として、総勢20名で海上タクシーを使って出かけた。アパート10階の幼稚園跡で一泊したが、その静けさが印象に残った。

4度目は、上陸観光の船で出かけた。この年の7月、端島炭坑は「明治日本の産業革命遺産」として世界遺産に登録された。柵の向こうの炭鉱施設は、とても遠くに感じられた。

【平成12年8月15日（火）、平成27年5月19日（火）ほか計4回訪問】

ＲＣ造７階建の小学校跡校舎（平成12年）

アパート10階の幼稚園跡で泊まる

15年ぶりに観光で上陸（平成27年）

89 箕島（みしま）

長崎県大村市箕島町
戸　数　13戸（昭和46）
移転年　昭和46年（1971年）
空港建設のため移転【離島（農業）】

箕島は大村湾内にある離島で、面積は2・31平方km、海抜43m。標高2m（分校跡）、住民は長崎空港（昭和50年開港）建設のために移転した。大村市街からの距離は5km（クルマで10分）、空港ビルはガロー島（東側の小島）に建てられている。

初めての箕島は、羽田発の飛行機が長崎空港に到着することで足を運んだ。空港に記念碑があることは知っており、どのようなものなのか気になっていた。その後、記念碑は空港内花文字山にあって、年に一度箕島出身の方の会（箕島会）によって慰霊祭が行われていることがわかった。

そして6度目、箕島会の方に連絡を取り、慰霊祭に参加する

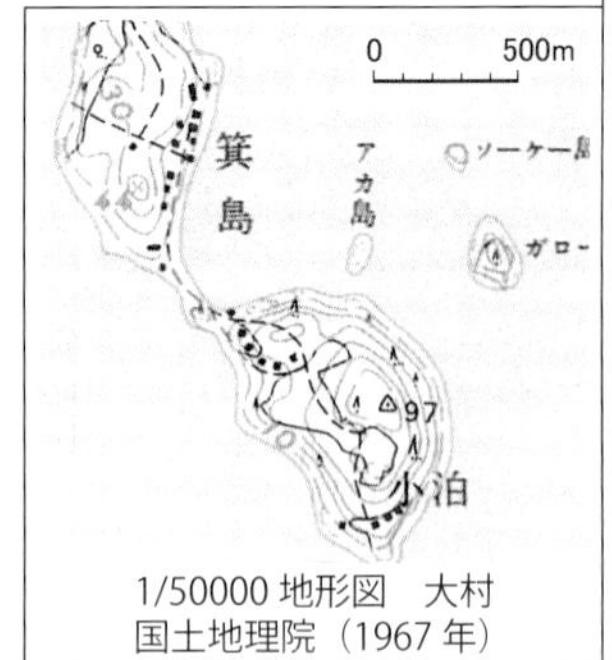

1/50000 地形図　大村
国土地理院（1967年）

平成26年の現況

- 記念碑　発見（法界萬霊慰霊碑）
- 学校跡　発見できず
- 神社　発見できず
- 祠・地蔵等　発見できず
- 寺・墓地等　発見できず
- 家屋　発見（空港ビルほか）
- 道路状況　舗装
- 電線　あり
- 田畑　無し
- ＊交通手段　自動車＋徒歩［30数名］

ことができた。空港ゲートから元々の箕島にある花文字山までの2㎞の道は、大島誠さん（移転時の集落総代）と二人で歩いた。碑は正しくは「法界萬霊慰霊碑」で、慰霊祭は厳かに行われた。西大村小学校（のち大村小学校）箕島分校は、へき地等級2級、児童数22名（昭和34）、明治38年開校、昭和47年閉校。分校跡の場所はわかっていたが、さすがに足は運べなかった。

【平成7年12月27日（水）、平成26年5月1日（木）ほか計7回訪問】

長崎空港と花文字山（平成26年）

花文字山に建つ「法界萬霊慰霊碑」

慰霊祭は厳かなものだった

90 野首（のくび）

長崎県北松浦郡小値賀町野崎郷野首
戸　数　27戸（昭和31）
移転年　昭和46年（1971年）
集団移転（宿泊施設あり）【離島】
※野崎島は136戸（昭和34）

野首（のくび）は五島列島北部の野崎島にあり、学校跡の標高は19m、小値賀島（おぢかじま）笛吹港（ふえふきこう）から11㎞（連絡船＋徒歩で45分）である。野崎島は面積7・1平方㎞、周囲15㎞、最高点350m、往時は野崎（一般集落）、野首、舟森（各キリシタン集落）があったが、平成13年、野崎在住の神官の家が移転し、島は無住化した。

初めての野首は、真夏に単独で出かけた。小値賀小学校野崎分校（一時期野崎小学校）は、へき地等級5級、児童数100名（昭和34）、明治8年開校、昭和35年野崎から野首に移転、同60年閉校。学校跡校舎は自然学塾村の宿泊施設として活用されている。背後にはレンガ造りの天主堂が建っており、そばでは

1/50000 地形図　小値賀島
国土地理院（1972年）

令和元年の現況

・記念碑　発見（案内板）
・学校跡　発見（校舎、校庭）
・神社　発見できず　＊天主堂あり
・祠・地蔵等　発見できず
・寺・墓地等　発見できず　＊墓あり
・家屋　発見（観光施設）【野崎】
・道路状況　舗装
・電線　あり
・田畑　無し
＊交通手段　町営船＋徒歩［2名］

ミシンと水がめを見かけた。段々畑跡の草は野生シカによって芝のようになっていた。

3度目は「潜伏キリシタン関連遺産」として「野崎島の集落跡」が世界遺産に登録された翌年の真夏に恩師 堀田泉先生と出かけた。野崎港そばにはビジターセンターができていたが、天主堂そばのミシンと水がめも残っていた。暑さのせいかシカの姿は見られなかった。

【平成12年8月11日（金）泊、同11月26日（日）、令和元年8月4日（日）訪問】

野崎島、野首に夕陽が落ちる（平成12年）

天主堂のそばで見かけたミシンと水がめ

段々畑跡に野生シカの姿が見られた

91 尾平鉱山（おびらこうざん）

大分県豊後大野市緒方町尾平鉱山
戸　数　２９２戸（昭和31）
移転年　平成25年（２０１３年）頃
個別移転（宿泊施設あり）
【鉱山関連集落】

尾平鉱山は別府湾に注ぐ大野川水系奥岳川上流部にあり、学校跡の標高は６３６ｍ、ＪＲ三重町駅から40㎞（クルマで１時間20分）である。主にスズを産出した三菱尾平鉱山は昭和29年に閉山したが、集落は山村として平成期まで存続した。

尾平鉱山には、山歩き、地域史などを趣味とされる戸高厚司さん（大分県在住）と出かけた。尾平小学校は、へき地等級２級、児童数82名（昭和34）、明治20年開校、昭和44年閉校。学校跡の校舎は宿泊施設「ほしこがイン尾平」として活用されており、まず宿にチェックイン。その後日暮れまで神社、鉱山の施設、集落跡を探索した。

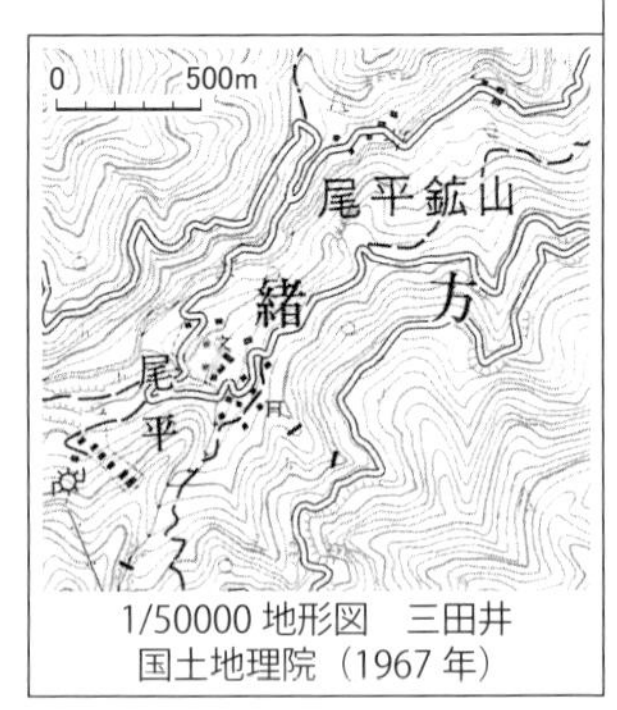

1/50000 地形図　三田井
国土地理院（1967 年）

平成24年の現況

- 記念碑　発見（選鉱場落成記念碑）
- 学校跡　発見（校舎、門柱、校庭）
- 神社　発見（健男社）
- 祠・地蔵等　発見
- 寺・墓地等　発見できず
- 家屋　発見（鉱山の施設ほか）
- 道路状況　舗装
- 電線　あり
- 田畑　無し

＊交通手段　友人の自動車［２名］

鉱山跡では廃水処理施設が稼動しており、その先の山肌には大きな選鉱場跡が見えたが、立入禁止とのことで、遠目で眺めるだけとなった。集落跡ではバスの車庫跡、立派な石垣がある屋敷跡、ショーケースが残った商店風の廃屋、石橋と池がある庭園などがあり、最盛期（昭和20年代）には3千名を擁した鉱山集落の名残りが感じられた。

【平成24年11月9日（金）泊訪問】

学校跡校舎は宿泊施設となっていた

鉱山跡では廃水処理施設が稼働する

商店風の廃屋にはショーケースが残る

92 傾山（かたむきやま）

大分県佐伯市傾山国有林
戸　数　33戸（昭和31）
移転年　昭和40年（1965年）
事業の合理化で移転【営林集落】
※単独行は勧めない

傾山は日向灘に注ぐ五ヶ瀬川水系中岳川上流部ベニガラ谷沿いにあり、分校跡の標高は536m、JR三重町駅から37km（クルマ+徒歩で3時間10分）である。山深くの営林集落だが、往時は森林鉄道が通じ、購買所もあったという。

傾山には、尾平鉱山に引き続き戸高さんと二人で出かけた。払鳥屋登山口から荒れた山道をゆっくり進むと、出発から2時間ほどでベニガラ谷に近づき、視界の先に集落跡の石垣が見えてきた。木浦小学校傾山分校は、へき地等級4級、児童数9名（昭和34）、昭和25年開校、同40年閉校。手形入りの分校跡の碑は、集落跡のいちばん下側にしっかり構えていた。

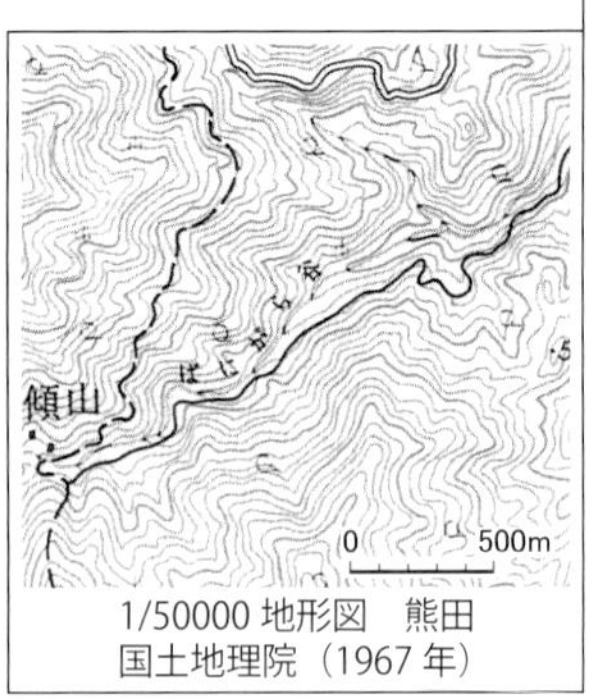

1/50000 地形図　熊田
国土地理院（1967年）

平成24年の現況

- 記念碑　発見（分校跡の碑）
- 学校跡　発見（跡地）
- 神社　発見できず
- 祠・地蔵等　発見できず
- 寺・墓地等　発見できず
- 家屋　発見できず　＊跡地は発見
- 道路状況　未舗装（けもの道）
- 電線　無し
- 田畑　無し

＊交通手段　友人の自動車＋徒歩［2名］

碑の先の石積みの階段を上ると、その先には長いコンクリ階段が続いていた。雛壇状の家屋の敷地は10段ほどあり、その所々にかまどや五右衛門風呂、酒ビンといった往時の暮らしの跡を垣間見れた。フンドーキンのホーロー看板やノコギリも見られた。ベニガラ谷の近くでは、林鉄の線路が落ちており、谷の向こうには林鉄の軌道跡をたどることができた。

【平成24年11月10日（土）訪問】

山深くに石垣とコンクリ階段が残る

家屋の敷地に五右衛門風呂が残る

醤油のホーロー看板に購買所を連想した

93 内大臣（ないだいじん）

熊本県上益城郡山都（やまと）町内大臣国有林
戸　数　55戸（昭和46・9）
移転年　昭和55年（１９８０年）
事業の合理化で移転【営林集落】

内大臣（ないだいじん）は有明海に注ぐ緑川水系内大臣川上流沿いにあり、分校跡の標高は６００ｍ、矢部市街から１９㎞（クルマで40分）である。その地名は、平家（小松内大臣重盛）の落人伝説に由来する。事業所は大正5年の開設以来60余年存続した。

内大臣には、友人の榊原さん、村岡真一さん（鹿児島県在住）と三人で出かけた。森林鉄道跡を使った林道を走り、たどり着いた集落跡では、まず「内大臣製品事業所跡」の歴史を記した案内板に迎えられた。その周囲には、石垣で区切られた家屋の敷地がたくさんあって、冷蔵庫の残骸、風呂のタイルなど、生活を感じさせるものが散らばっていた。

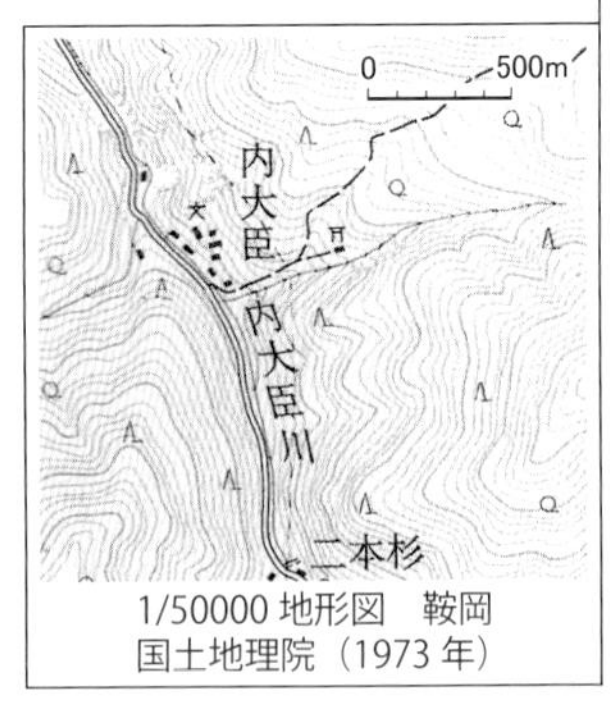

1/50000 地形図　鞍岡
国土地理院（1973 年）

平成21年の現況

- 記念碑　発見（分校跡の碑、案内板）
- 学校跡　発見（門柱、校庭、金網）
- 神社　発見（山神社）
- 祠・地蔵等　発見
- 寺・墓地等　発見できず
- 家屋　発見できず　＊跡地は発見
- 道路状況　未舗装
- 電線　無し
- 田畑　無し

＊交通手段　友人の自動車［３名］

白糸（しらいと）第二小学校（のち白糸第三小学校）内大臣分校は、へき地等級3級、児童数59名（昭和34）、大正7年開校、昭和54年休校、同55年閉校。道なりに坂を上がっていくと、紅葉の先に分校跡の門柱が建っており、広い校庭には、規則正しく落葉樹が植えられていた。分校からずいぶん離れた南側の平地には、山間とは思えない広いプールが残っていた。

【平成21年11月21日（土）訪問】

製品事業所跡の歴史を伝える案内板

分校跡へと続く道を彩る紅葉

山間とは思えない広いプールが残る

94 片内（かたうち）

宮崎県西都市片内字本流瀬（ほんながせ）
戸　数　33戸（昭和40・11）
移転年　平成18年（2006年）頃
個別移転（民宿あり）
【発電所関連集落】

片内（かたうち）は一ツ瀬（ひとつせ）川本流中流域にあり、標高は一ツ瀬発電所直下の橋上が60ｍ、学校跡が144ｍ、西都（さいと）市街からは18㎞（クルマで35分）である。発電所の社宅跡では、元からあった農家が市街地に家を持ちながら、民宿「かたすみ」を開いている。

初めての片内では、宮崎県で達成となる廃校廃村全県踏破を記念した会にあわせて、東京、和歌山、島根、大分、鹿児島と、各所から友人5名が集った。宿で到着し、主人（佐藤純一さん）にご挨拶した後は、裏山にある小学校跡の探索に向かった。気楽に出かけたが、車道からの取付きで苦労し、シカ除けの網に行く手を阻まれ、V字に折り返す場所では散々迷った。

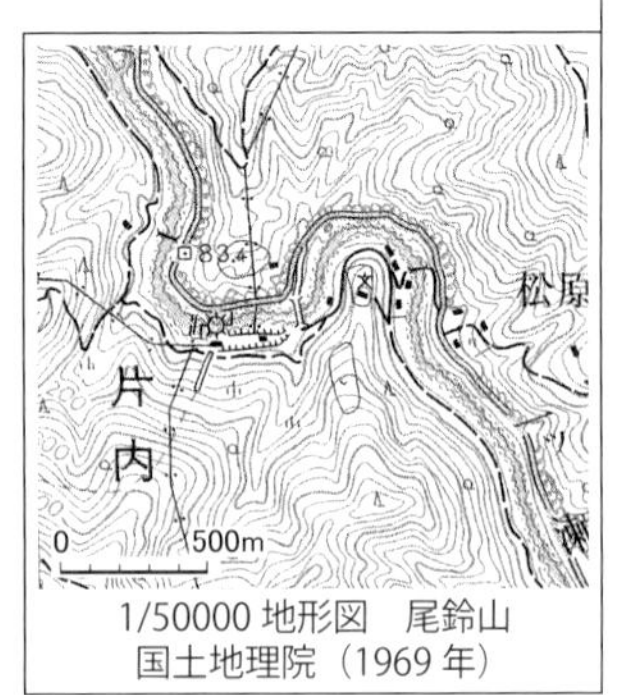

1/50000 地形図　尾鈴山
国土地理院（1969年）

平成31年の現況

- 記念碑　　発見（学校跡地碑）
- 学校跡　　発見（門柱、平地）
- 神社　　　発見（速開都比売神社【湯ノ内】）
- 祠・地蔵等　発見できず
- 寺・墓地等　発見できず
- 家屋　　　発見（民宿）
- 道路状況　舗装
- 電線　　　あり
- 田畑　　　無し
- ＊交通手段　レンタカー［3名］

片内小学校は、へき地等級1級、児童数53名（昭和34）、明治35年開校、昭和41年閉校、最終年度は児童数22名。折返しの先の傾斜がある往時の通学路には、コンクリの階段が残っていた。階段を上り詰めた場所には、門柱と学校跡地の碑が静かに建っていた。

西都市には8か所の廃校廃村が集中しており、片内の民宿にはその後も2回泊まっている。

【平成25年8月17日（土）泊、平成26年5月2日（金）泊、平成31年1月14日（月祝）泊訪問】

片内の民宿「かたすみ」（平成31年）

学校跡へと続く階段（平成26年）

片内小学校跡の門柱（平成25年）

95 寒川（さぶかわ）

宮崎県西都市寒川
戸　数　44戸（昭和26・3）
移転年　平成元年（1989年）
集団移転【農山村】

寒川は一ツ瀬川水系三財川上流域の山腹にあり、標高は川沿いの寒川入口三差路が132m、学校跡が373m、JR佐土原駅からは30㎞（クルマで1時間）である。かつては、西米良などの山の集落と市街地との中継地という役割があった。

寒川には、宮崎日日新聞の記者を含め、クルマ4台6名で出かけた。山の中に忽然と現れた集落跡は一見して規模が大きく、「廃村に来た」という気分になる。駐車場のそばにある新しく見える家屋は、公民館の跡とのこと。先の平地にはスギが植えられていたが、向かいには高さ5mはある石垣が組まれていて、お宮さんを越えると、学校跡へと続く長い階段があった。

1/50000 地形図　妻
国土地理院（1969年）

平成25年の現況

- 記念碑　発見（学校跡の碑）
- 学校跡　発見（校舎、門柱、校庭ほか）
- 神社　発見　＊ほか天神社あり
- 祠・地蔵等　発見
- 寺・墓地等　発見できず
- 家屋　発見（複数の家屋）
- 道路状況　舗装
- 電線　あり
- 田畑　無し
- ＊交通手段　友人の自動車［6名］

寒川小学校は、へき地等級2級、児童数39名（昭和34）、明治9年開校、昭和53年閉校、最終年度は児童数5名。寒川では昭和11年に集落の家屋が全焼するという災害があり、学校も焼失した。今も残る木造校舎はその直後、戦時中に再建されたものなのだろう。校庭には学校跡の碑、子供達が作ったと思われるシカや魚のオブジェ、人物像などが見られた。

【平成25年8月17日（土）訪問】

寒川へ続く道には手製の標板があった

崩れかけた多くの家屋が残る

石積みの基礎の上に木造校舎が建つ

96

鉄山（てつやま）

宮崎県えびの市鉄山国有林
戸　数　33戸（昭和29・8）
移転年　昭和38年（1963年）
事業の合理化で移転【営林集落】

鉄山（てつやま）は東シナ海に注ぐ川内川（せんだいがわ）水系鉄山川上流部の谷沿いにあり、分校跡の標高は422m、えびの市街からは15㎞（クルマ＋徒歩で55分）である。林業がさかんな宮崎県には、山中で営林事業を行うための集落（分校所在）が多く存在した。

初めての鉄山は、友人の村岡さんとともに出かけた。営林集落跡手前1・5㎞ほどの場所には閉ざされたゲートがあった。20分ほど歩くと、渓谷沿いの杉が生えた平地に石垣が見つかった。飯野小学校鉄山分校は、へき地等級2級、児童数26名（昭和34）、昭和22年開校、同38年閉校。分校跡には往時の噴水塔が残されているという。心当たりの平地を探索したところ、コ

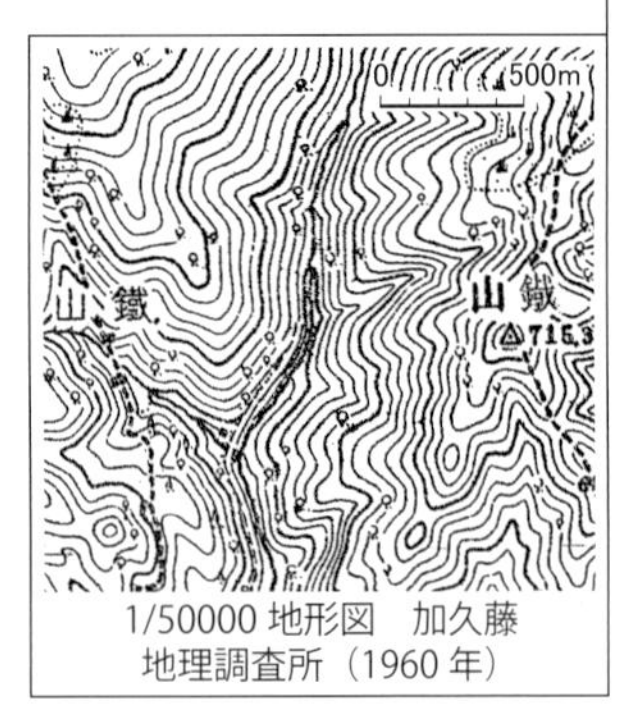

1/50000 地形図　加久藤
地理調査所（1960年）

平成31年の現況

- 記念碑　発見できず
- 学校跡　発見（噴水塔、基礎）
- 神社　発見
- 祠・地蔵等　発見できず
- 寺・墓地等　発見できず
- 家屋　発見できず
- 道路状況　未舗装
- 電線　無し
- 田畑　無し

＊交通手段　友人の自動車＋徒歩［4名］

ンクリの建造物と神社跡が見つかったが、噴水塔は見つからなかった。

2度目は1年後、村岡さん、妻とその兄の4名で訪ねた。分校跡は下流部の川向こうにあったことを確認している。倒木を利用して鉄山川を渡り、分校跡の平地を探索したところ、下流側の隅に高さ約2ｍの噴水塔が見つかった。すぐ上の段には校舎の基礎が残っていた。

【平成30年1月8日（日）、平成31年1月14日（月祝）訪問】

ゲートが閉ざされた林道（平成30年）

川向こうに神社跡を見つける

再訪で噴水塔を見つける（平成31年）

97 新島（しんじま）

鹿児島県鹿児島市新島町
戸　数　29戸（昭和43・2）
移転年　平成25年（2013年）
個別移転（1戸残る）【離島（漁村）】

新島（しんじま）は錦江湾（きんこうわん）内、桜島北東沖合いの離島で、面積は0・13平方km、周囲2・3km、海抜43m、標高13m（分校跡）。連絡船が出る浦之前港からの距離は2kmである。江戸期（安永9年）に火山活動でできた島で、「燃島（もえじま）」という別名がある。

初めての新島は、わずかな住民（2戸4名）がいる頃に出かけた。行政連絡船で着いた公民館が建つ新島の港では桜島に出かけられる方、網をもった漁の方、分校手前では畑で作業される方に出会った。桜峰（おうほう）小学校新島分校は、へき地等級1級、児童数25名（昭和34）、明治33年開校、昭和47年閉校。校舎のそばには火山観測所が建っており、神社が奉られていた。

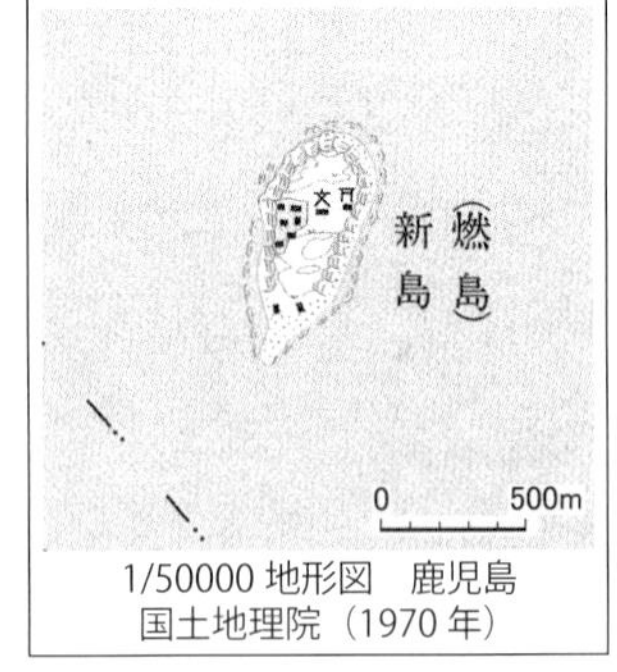

1/50000 地形図　鹿児島
国土地理院（1970 年）

平成31年の現況

- 記念碑　発見できず
- 学校跡　発見（校舎、校庭）
- 神社　発見（五社神社）
- 祠・地蔵等　発見
- 寺・墓地等　発見
- 家屋　発見（公民館、複数の家屋）
- 道路状況　舗装（クルマは入れない）
- 電線　あり
- 田畑　無し

＊交通手段　小型モーター船［4名］

2度目は6年後、元住民の東ひろ子さん夫妻たちとともに訪ねた。島が無住化した後、東さんが立ち上げた「ふるさと再生プロジェクト」には、この日22名が参加していた。分校跡校庭は刈込みによって復元し、神社は新築され、島の東側には外周道が新設されていた。

令和元年の秋、東さんの妹夫妻が北九州から移り住み、新島に暮らしの灯が戻った。

【平成25年4月1日（月）、平成31年1月13日（日）訪問】

ヒジキが干された港と桜島（平成25年）

草に埋もれた分校跡校舎

草を刈り込んだ分校跡校庭（平成31年）

集落の記憶　鹿児島県鹿児島市新島（しんじま）

◆お宮さんが縁を結んでくれた

新島（しんじま）の家では漁師をしていて、私は5人姉妹の四女として生まれ育った。砂州が広がる自然豊かな島で、周囲の海はタイやアジが捕れる良い漁場だった。しかし、高度成長の波が島に来るのは遅く、電気は自家発電で冷蔵庫が使えず、代わりに魚市場の氷を使った。私は中学校卒業の時に島を出て、両親は昭和55年に鹿児島市内へ転出した。

「柿の実」という天文館の居酒屋に勤めて忙しく過ごす日々で、新島のことを振り返ることはほとんどなかった。しかし、平成25年の秋、無人島になったことを知り、島を訪ねたとき、「せめてお宮さんは整えたい」と思った。以来、週ごとに島へ通い、神社の整備や清掃活動を行っているうちに、活動に賛同してくれる方が集まり、翌年「ふるさと再生プロジェクト」が立ち上がった。中学の同級生の夫とは、島が無住になった年、同窓会で再会。再生活動を進めてい

東（ひがし）　ひろ子さん

昭和31年、西桜島村新島生まれ。鹿児島市桜島在住。永く鹿児島市街の居酒屋・スナックに勤めた。右隣はご主人道也さん。

るうちに、縁があって結婚した。結婚式は、改修した島の神社で挙行した。

平成30年春にはプロジェクトの会をＮＰＯ法人とし、「柿の実」は年末に店じまいした。これからの人生は、ふるさと新島の再生に全力で取り組み、自然体験ツアーなどの取組みをさらに進め、子供たちの声がひびくような島にしていけるよう力を注いでいきたい。

【平成31年1月12日（土）取材】

新島のシルエット（平成25年）

木造の分校校舎（昭和38年頃）

新築された分校校舎（昭和45年頃）

98 国見（くにみ）

鹿児島県始良郡湧水町幸田字国見
戸　数　24戸（昭和44・7）
移転年　平成16年（2008年）頃
個別移転【農山村】

国見は、川内川水系穴川最上流部の傾斜地にあり、分校跡の標高は456m、鹿児島空港からは永野経由で22km（クルマで48分）である。大隅国にありながら地勢は薩摩国の国見には、往時国境警備の役割があったのかもしれない。

初めての国見は、単独、さつま町永野から川筋をさかのぼる道で訪ねた。クルマを停めてT字路を行止まり方向に歩くと、舗装道はひび割れており、往時の公民館の廃屋が見つかった。T字路上方の家にはお年寄りが暮らされている様子だった。幸田小学校国見分校は、へき地等級1級、児童数28名（昭和34）、明治30年開校、昭和44年閉校。T字路の永野寄り、土塀がある

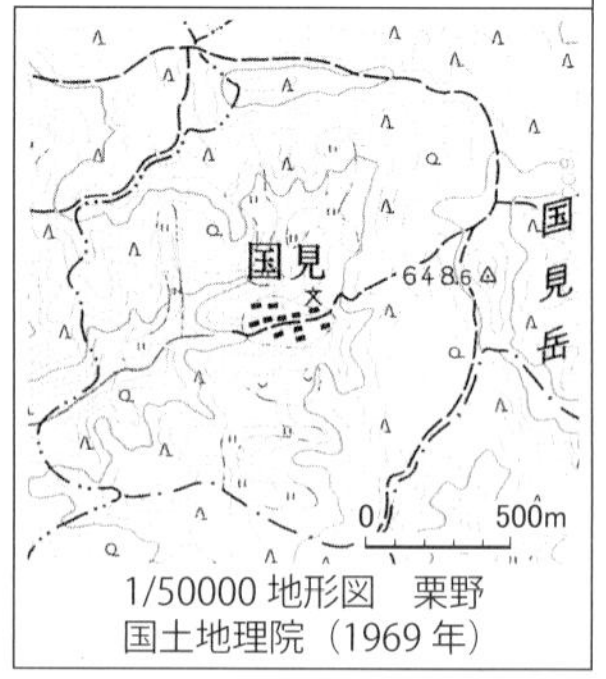

1/50000 地形図　栗野
国土地理院（1969年）

平成31年の現況

- 記念碑　発見（分校跡の碑）
- 学校跡　発見（門柱、基礎）
- 神社　発見（碑）
- 祠・地蔵等　発見できず
- 寺・墓地等　発見できず
- 家屋　発見（複数の家屋）
- 道路状況　舗装
- 電線　あり
- 田畑　無し

＊交通手段　友人の自動車［2名］

平地を「分校跡ではないか」と思ったが、後で誤りであることがわかった。

その6年後、友人の村岡さんとともに再訪した。分校跡はT字路の幸田寄りにあることを確認している。苔むした法面をスロープで上がると灌木が茂る平地があって、分校跡の碑が見つかった。分校跡は尾根の上にあり、門柱とコンクリ階段、校舎の基礎が見られた。

【平成25年3月31日（日）、平成31年1月12日（土）訪問】

小道沿い、公民館の廃屋（平成25年）

分校跡ではなかった土塀に囲まれた平地

再訪で見つけた分校跡の碑（平成31年）

沖　縄

沖縄の廃校廃村は6ヵ所で、「廃村千選」全国総数（1,050ヵ所）の0.6%にあたる。沖縄本島地域、宮古（みやこ）、八重山（やえやま）の3つに分割すると、それぞれ2ヵ所、1ヵ所、3ヵ所である。

市町村別では八重山・竹富（たけとみ）町に集中している。沖縄の廃村密度は、2.6ヵ所/千㎢である。

地方区分において九州と沖縄とひとくくりになる場合があるが、沖縄県域には他県にない広がりがある。ちなみに、沖縄本島－九州は550㎞、沖縄本島－宮古島は300㎞、宮古島－八重山・石垣島は150㎞離れている。

廃校廃村を産業別にみると、離島集落が5ヵ所、戦後開拓集落が1ヵ所である。また、沖縄本島、宮古島、石垣島には廃校廃村は見られず、ダム関係はゼロである。

人口増減率（S.50－H.27の40年間）をみると、沖縄本島地域、八重山は増加しているが、宮古は減少している。ただし、H.27以降、宮古も微増傾向にある。また、沖縄全体ではH.22－H.27の5年間でも増加しており、出生率（1人の女性が生涯に産む子どもの数）は1.94（H.29）で全国一高い（全国では1.43）。これは「家系・先祖を大切にする」という沖縄人（ウチナーンチュ）の気質が関係しているものと思われる。

表11　沖縄の人口統計

地域名	人口［人］(H.27)	面　積［㎢］	人口密度［人／㎢］	増減率［%］(H.27/S.50)	廃村数
沖縄本島地域	1,327,781	1,462.1	908.1	40.6	2
宮古	52,380	226.2	231.6	△9.3	1
八重山	53,405	592.7	90.1	32.7	3
沖縄　計	1,433,566	2,281.0	628.5	37.5	6

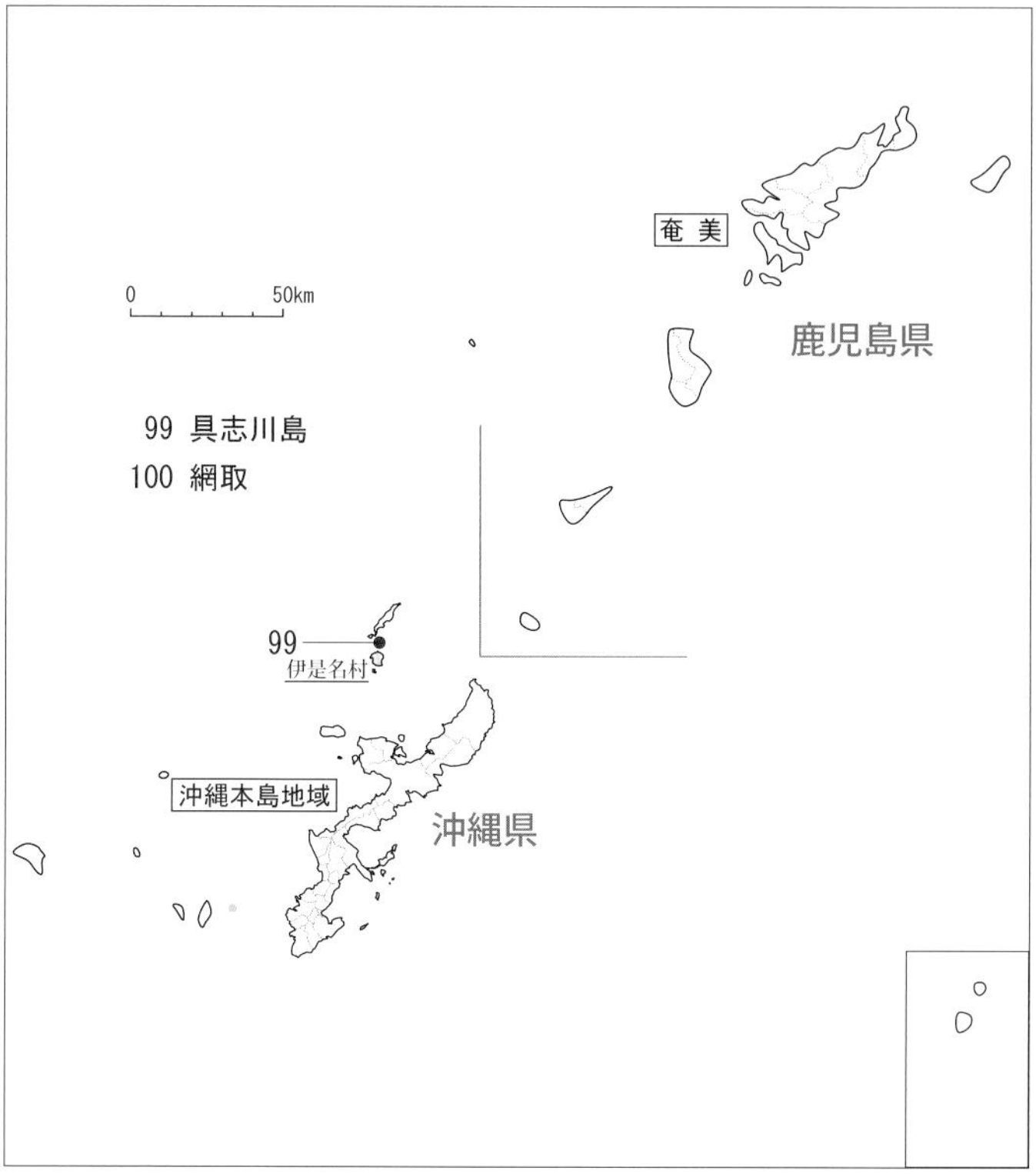

奄美

0 50km

鹿児島県

99 具志川島

100 網取

99

伊是名村

沖縄本島地域

沖縄県

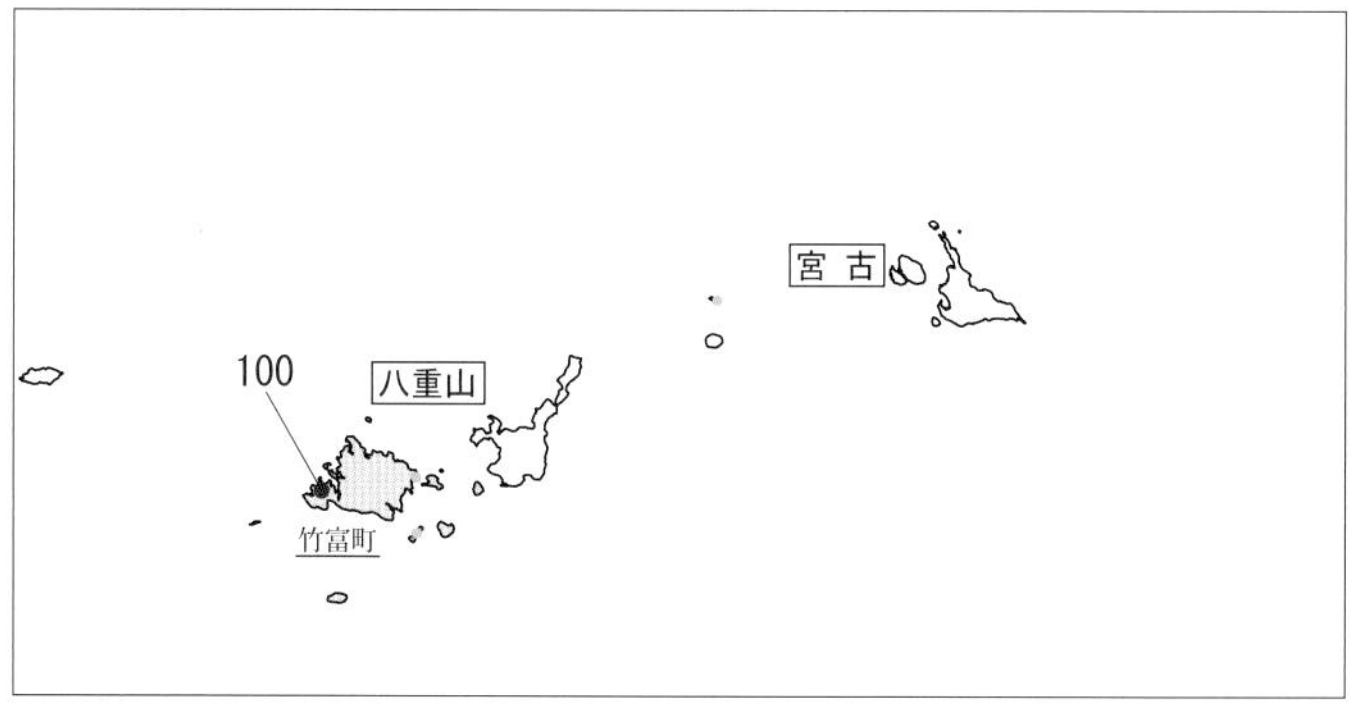

99

具志川島（ぐしかわしま）

沖縄県島尻郡伊是名村諸見（しょみ）具志川島
戸　数　6戸24名（昭和26・3）
移転年　昭和45年（1970年）
個別移転【離島】

具志川島（ぐしかわしま）は東シナ海に浮かぶ伊是名（いぜな）島と伊平屋（いへや）島の間にある離島で、面積は0・33平方㎞、周囲4・2㎞、海抜28ｍ、標高12ｍ（学校跡）。伊是名島内花（うちはな）から5㎞の隆起サンゴ礁の島で、無住化した後、縄文期の遺跡が発見された。

具志川島には夏至の頃、妻と一緒に出かけた。島の中は松林になっているため、海は全然見えない。日差しは恐ろしく強く、少し歩くたび日影で休まなければならない。砂地には背丈ほどの野生のタバコが生えていて、ピンクの花が美しい。具志川島小学校は、へき地等級5級格、児童数8名（昭和41）、昭和5年開校、分校となった1年後、昭和45年に閉校した。

1/50000 地形図　伊是名島
国土地理院（1966 年）

平成24年の現況

- 記念碑　発見（シーダチ遺跡の標柱）
- 学校跡　発見（校舎、門柱、校庭）
- 神社　発見できず
- 祠・地蔵等　発見できず
- 寺・墓地等　発見できず
- 家屋　発見できず
- 道路状況　未舗装（クルマは入れない）
- 電線　無し
- 田畑　無し

＊交通手段　チャーター船［2名］

今残る鉄筋ブロック校舎が建設されたのは昭和31年とのこと。校庭にも背丈ほどの野生のタバコがたくさん生えていた。左隣に掲示版がある門柱は、入ってきた方向とは逆方向（建物の東側）にあった。門の先は草がたくさん生えていて、先には進めなかった。真夏の無人島での4時間は探索というよりも探検で、清々しいほど観光の要素はなかった。

【平成24年7月1日（土）訪問】

サンゴ礁の島は平坦で、海は穏やかだ

小学校跡校舎が往時の面影を伝える

草をひいた校庭から門柱と掲示板を見る

100 網取(あみとり)

沖縄県八重山郡竹富町崎山網取
戸　数　15戸（昭和45）
移転年　昭和46年（1971年）
集団移転【離島】

網取(あみとり)は西表(いりおもて)島西部、陸路が通じない海沿いの果てにあり、学校跡の標高は2ｍ、陸路の終点白浜から8㎞（船で25分）、最寄り集落 船浮(ふなうき)から5㎞（同15分）である。

初訪の網取は、14泊15日の八重山への旅の中、シュノーケリングのツアーで出かけた。昼食休みで上陸した網取は、海沿いの景色がよい集落跡で、旧来の呼称である「あんとぅり」と刻まれた記念碑が建っていた（平成8年建立）。網取小学校は、へき地等級5級格、児童数9名（昭和45）、明治31年開校、昭和46年閉校。学校跡校舎は東海大学海洋研究所の施設となっており、整った集落跡の小路は往時の面影を残していた。

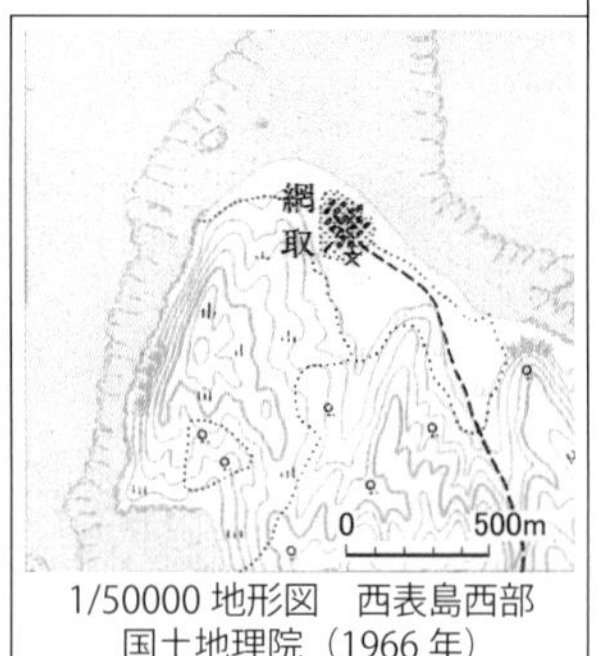

1/50000 地形図　西表島西部
国土地理院（1966年）

令和元年の現況

・記念碑　発見（あんとぅりの碑）
・学校跡　発見（校舎、門柱、校庭）
・神社　発見できず
・祠・地蔵等　発見できず
・寺・墓地等　発見できず
・家屋　発見（研究所の施設）
・道路状況　未舗装（クルマは入れない）
・電線　無し
・田畑　無し
＊交通手段　地域の方の船［単独］

再訪時は、前日に宿泊した船浮の民宿の宿主に船を出していただいた。新北風（ミーニシ）のため西表島には波浪注意報発令が続いており、「行けないかも」と心配したが、当日は注意報が12日ぶりに解除され、たどり着けたときの嬉しさは格別だった。自然環境保全地域に指定された網取の海はとても美しく、あんとぅりの碑とも21年ぶりの再会を果たすことができた。

【平成10年5月1日（金）、令和元年10月22日（火祝）訪問】

整った集落跡の小路（平成10年）

学校跡の門柱と校舎（令和元年）

「あんとぅり」の碑と美しい海

集落の記憶　沖縄県竹富町網取

◆集落の記憶は後世に伝わるだろう

網取の生業は半農半漁で、シークヮーサーを白浜にもっていったり、米、もずく、薬草（ツノマタ）、薪を行商人が買い付けにきたりしていた。

私は中学3年のとき石垣島に移り、高校卒業後は琉球政府（後の沖縄県庁）の仕事をした。営林署が依頼する西表島の樹木調査では、島中くまなく歩く必要があり、崎山、網取で暮らした経験を生かすことができた。

冬の季節風（北風）は、三角波を起こして船の往来を閉ざした。そのような海路しかない島の果ての集落には高度経済成長の波は及ばず、昭和46年7月、稲刈りの終了をもって網取は廃村となった。集落跡地の大半は竹富町が個々に買い上げ、校地とともに東海大学に譲渡した。今も荒れることなく往時の面影が残っているのは、海洋研究所の方々のおかげだ。

離村後間もなく結成した元住民の会（うるち会）は、年に一度、「ふるさと訪問」で5月初

川平　永光さん

昭和14年、竹富町崎山生まれ、石垣市在住。9歳から中学2年まで網取で暮らす。琉球政府、沖縄県庁に勤務。うるち会元会長。

旬に1泊2日で網取に集い、旧交を深めかつての暮らしを偲んでいる。うるち会は、血縁者以外でも関心がある方には間口を開いているが、マスコミの取材はお断りしている。

かつて暮らした世代がいなくなっても、「ここに村があったこと」を、あんとぅりの碑やうるち会のメンバーが後世に伝えていってくれることだろう。

【令和元年10月20日（日）取材】

網取の民家、婦人と子供達（昭和46年）

網取校 閉校記念式で校名標を外す

建立祝賀会で人々が碑を囲む（平成8年）*

*『「あんとぅり」の碑建立記念誌』（うるち会）より転載

全　国

「廃村千選」全国総数は1,050ヵ所で、北海道（291ヵ所）と東北（234ヵ所）を足すと50%になる。東日本（甲信越・東海以東）は714ヵ所（68%）、西日本（北陸・関西以西）は336ヵ所（32%）、廃村密度は東日本が3.0ヵ所/千㎢、西日本が2.5ヵ所/千㎢である。

廃校廃村を産業別にみると、農山村663ヵ所（63.1%）、戦後開拓集落133ヵ所（12.7%）、鉱山集落81ヵ所（7.7%）の順になる。ダム関係は137ヵ所（同13.0%）である。

人口増減率（S.50－H.27の40年間）をみると、減少は東北と四国（2地方）だけだが、H.22－H.27の5年間の増加は関東と沖縄（2地方）だけになっている。国勢調査人口のピークは、平成22年（1億2806万人）である。

表12　全国の人口統計

地方名	人口［人］(H.27)	面　積［㎢］	人口密度［人／㎢］	増減率［%］(H.27/S.50)	廃村数
北海道	5,381,733	78,421.2	68.7	0.8	291
東北	8,982,807	66,947.2	134.2	△2.7	234
関東	42,995,031	32,429.6	1,325.8	30.9	20
甲信越	5,237,998	30,610.9	171.1	0.9	114
東海	15,031,201	29,345.6	512.2	18.1	55
北陸	3,007,076	12,624.2	238.2	3.1	115
関西	20,725,433	27,351.3	757.7	10.1	42
中国	7,438,037	31,921.3	233.0	1.0	40
四国	3,845,534	18,803.4	204.5	△4.8	59
九州	13,016,329	42,231.5	308.2	4.8	74
沖縄	1,433,566	2,281.0	628.5	37.5	6
全国　計	127,994,745	377970.8	340.7	13.5	1,050

（注）千島列島（5003.4㎢）、島根県竹島（0.2㎢）は、全国の面積に含むが、人口密度の算出には含まない。また、各地方の面積には含まない。

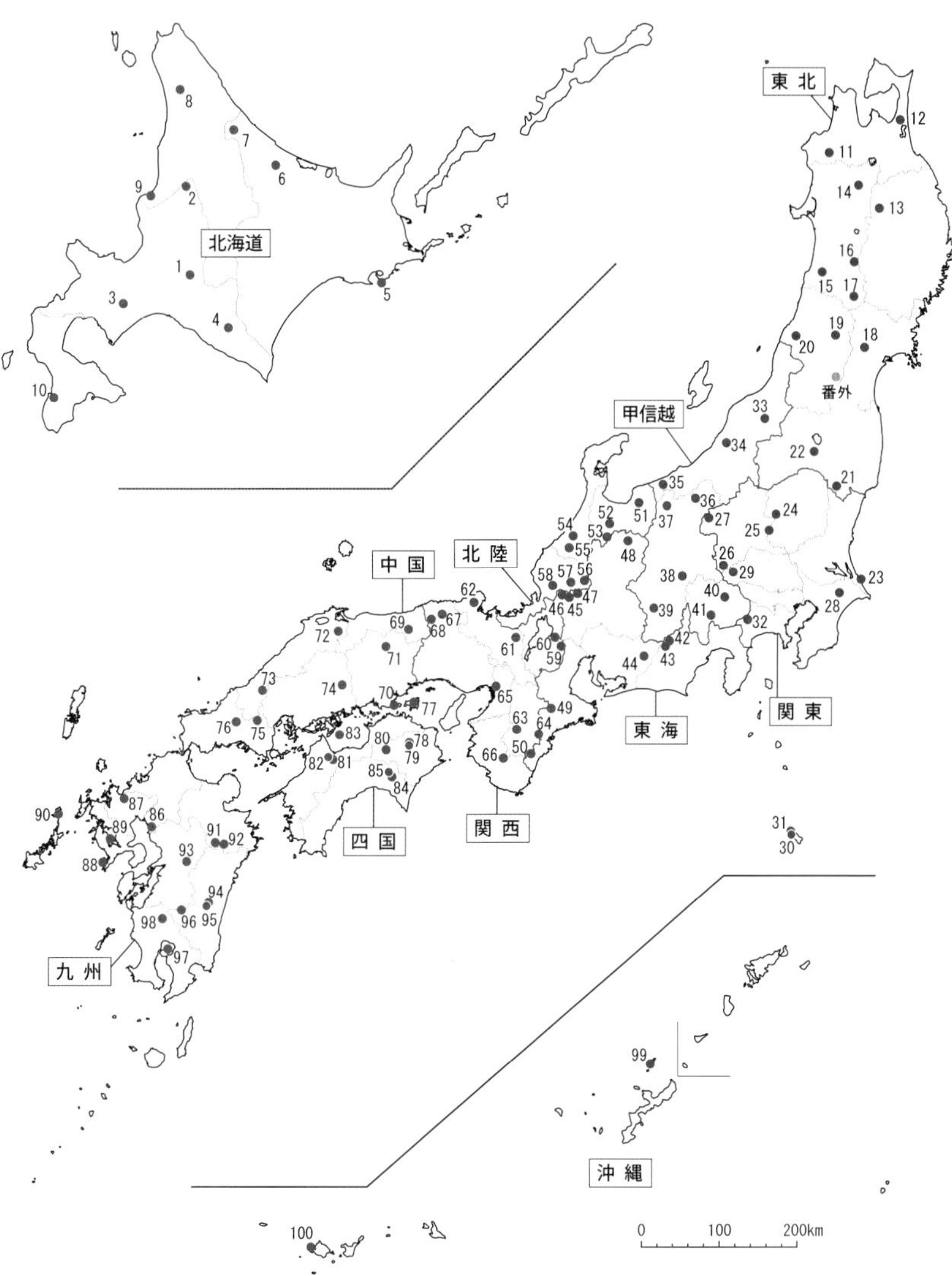
北海道
東北
甲信越
北陸
中国
関東
東海
関西
四国
九州
沖縄
番外
0 100 200km

本書で取り上げた全国 47 都道府県 92 ヵ所の市町村についても、人口統計をまとめた（番外を含む）。過疎市町村ばかりではなく、政令指定都市、県庁所在地も含まれており「全国 1741 市区町村から抜取調査した」とみてもよい。

人口増減率（S.50 － H.27）をみると、中山間地や離島などから都市部・都市近郊へと人が動いたことを垣間見ることができる。また、「生業が人を動かす」ことがわかる。

減少率の最大（マイナス 82.4％）、北海道（道央）夕張（ゆうばり）市はかつて日本を代表する産炭地だったが、平成２年、三菱大夕張炭鉱の閉山によって炭鉱はなくなった。市は「炭鉱から観光へ」の転換を進めたが、観光産業は育たず、平成19 年、市の財政は破たんした。廃校廃村の数は８ヵ所（うち炭鉱集落７ヵ所）に及ぶ。

増加率の最大（プラス 52.3％）、長崎県大村市は県中央部にあり、長崎市、佐世保市ともにアクセスしやすい。昭和 17 年、海軍航空隊が駐屯する軍都として市になった。昭和 50 年に開港した長崎空港は、県の表玄関となっている。大村市の廃校廃村 箕島（みしま）は、長崎空港の建設によって生じている。

市町村の面積は、平成の大合併で大きくなった。浜松市の面積（1558.1㎢）は全国第２位、栃木県日光市（1449.8㎢）は第３位、第１位は岐阜県高山市（2177.6㎢）である。

人口の少なさは、奈良県野迫川（のせがわ）村（449 人、本州で第２位、最少は東京都青ヶ島村で 178 人）、人口密度の小ささは奈良県上北山村（1.9 人 /㎢、全国で第２位、最小は福島県檜枝岐（ひのえまた）村で 1.6 人 /㎢）が目を引く。

廃校廃村の数をみると、廃村密度が高い北陸・富山県南砺（なんと）市の 22 ヵ所（全国最大数）、福井県大野市の 16 ヵ所が目を引く。本書には取り上げていない新潟県十日町（とおかまち）市が 14 ヵ所で、３番目に多い。

表 13-1 全国市町村の人口統計（北海道・東北・関東）

《北海道》

	市町村名		人口［人］(H.27)	面 積［km²］	人口密度［人/km²］	増減率［%］(H.27/S.50)	人口グラフの形（国調のピーク）	廃村数
1	道央	夕張市	8,843	763.1	11.6	△82.4	下降（S.50）	8
2	道央	沼田町	3,181	283.4	11.2	△54.7	下降（S.50）	4
3	道央	伊達市	34,995	444.2	78.8	0.0	山 （H.12）	2
4	道央	新ひだか町	23,231	1,147.6	20.2	△28.0	山 （S.55）	2
5	道東	厚岸町	9,778	739.3	13.2	△41.7	下降（S.50）	1
6	道東	紋別市	23,109	830.8	27.8	△29.6	山 （S.55）	11
7	道東	雄武町	4,525	636.9	7.1	△38.9	下降（S.50）	2
8	道北	幌延町	2,447	574.1	4.3	△46.4	下降（S.50）	4
9	道北	増毛町	4,497	369.7	12.2	△51.7	下降（S.50）	3
10	道南	上ノ国町	4,876	547.7	8.9	△45.9	下降（S.50）	2

《東北》

11	青森県	西目屋村	1,415	246.0	5.8	△58.7	下降（S.50）	1
12	青森県	六ヶ所村	10,536	252.7	41.7	△ 7.1	谷山（H.12）	3
13	岩手県	八幡平市	26,355	862.3	30.6	△23.6	山 （S.55）	3
14	秋田県	大館市	74,175	913.2	81.2	△22.0	山 （S.55）	5
15	秋田県	由利本荘市	79,927	1,209.6	66.1	△15.0	下降（S.50）	7
16	秋田県	美郷町	20,279	168.3	120.5	△23.8	下降（S.50）	1
17	秋田県	湯沢市	46,613	790.9	58.9	△29.7	山 （S.55）	4
18	宮城県	大和町	28,244	225.5	125.3	52.0	上昇（H.27）	2
19	山形県	大石田町	7,357	79.5	92.5	△32.8	下降（S.50）	4
20	山形県	鶴岡市	129,652	1,311.5	98.9	△13.8	山 （S.55）	4
21	福島県	棚倉町	14,295	159.9	89.4	△11.0	山 （H.2）	1
22	福島県	会津若松市	124,062	383.0	323.9	△ 0.5	山 （H.7）	5

《関東》

23	茨城県	神栖市	94,522	146.9	643.3	50.8	山 （H.22）	1
24	栃木県	日光市	83,386	1,449.8	57.5	△13.5	山 （H.7）	2
25	群馬県	桐生市	114,714	274.5	418.0	△22.7	下降（S.50）	1
26	群馬県	上野村	1,230	181.9	6.8	△52.3	下降（S.50）	1
27	群馬県	嬬恋村	9,780	337.6	29.0	△ 9.8	山 （H.7）	3
28	千葉県	芝山町	7,431	43.2	171.9	△ 5.6	山 （H.7）	1
29	埼玉県	秩父市	63,555	577.8	110.0	△18.7	下降（S.50）	1
30•31	東京都	八丈町	7,613	72.2	105.4	△26.2	下降（S.50）	2
32	神奈川県	山北町	10,724	224.6	47.7	△24.1	山 （H.2）	1

表 13-2　全国市町村の人口統計（甲信越・東海・北陸・関西）

《甲信越》

	市町村名		人口［人］(H.27)	面　積［km²］	人口密度［人/km²］	増減率［%］(H.27/S.50)	人口グラフの形 (国調のピーク)	廃村数
33	新潟県	五泉市	51,404	351.9	146.1	△ 17.1	山　(S.60)	3
34	新潟県	柏崎市	86,833	442.0	196.4	△ 7.5	山　(H.7)	10
35	新潟県	糸魚川市	44,162	746.2	59.2	△ 29.8	下降 (S.50)	10
36	長野県	飯山市	21,438	202.4	105.9	△ 30.4	下降 (S.50)	4
37	長野県	小谷村	2,904	267.9	10.8	△ 44.6	下降 (S.50)	3
38	長野県	伊那市	68,271	667.9	102.2	2.3	山　(H.7)	1
39	長野県	飯田市	101,581	658.7	154.2	△ 5.1	山　(S.60)	2
40	山梨県	甲州市	31,671	264.1	119.9	△ 16.4	山　(H.7)	1
41	山梨県	身延町	12,669	302.0	42.0	△ 49.5	下降 (S.50)	1

《東海・北陸》

	市町村名		人口［人］(H.27)	面　積［km²］	人口密度［人/km²］	増減率［%］(H.27/S.50)	人口グラフの形 (国調のピーク)	廃村数
42･43	静岡県	浜松市	797,980	1,558.1	512.2	18.7	山　(H.17)	7
44	愛知県	設楽町	5,074	273.9	18.5	△ 49.1	下降 (S.50)	1
45･46	岐阜県	揖斐川町	21,503	803.4	26.8	△ 30.1	山　(S.55)	9
47	岐阜県	本巣市	33,995	374.7	90.7	29.8	山　(H.22)	3
48	岐阜県	飛騨市	24,696	792.5	31.2	△ 35.6	下降 (S.50)	10
49	三重県	松阪市	163,863	623.7	262.7	11.4	山　(H.17)	2
50	三重県	熊野市	17,322	373.4	46.4	△ 43.5	下降 (S.50)	1
51	富山県	魚津市	42,935	200.6	214.0	△ 11.3	山　(S.60)	1
52･53	富山県	南砺市	51,327	668.6	76.8	△ 24.0	下降 (S.50)	22
54･55	石川県	小松市	106,919	371.1	288.2	6.6	山　(H.17)	7
56･57	福井県	大野市	33,109	872.4	38.0	△ 24.4	下降 (S.50)	16
58	福井県	南越前町	10,799	343.7	31.4	△ 22.4	下降 (S.50)	7

《関西》

	市町村名		人口［人］(H.27)	面　積［km²］	人口密度［人/km²］	増減率［%］(H.27/S.50)	人口グラフの形 (国調のピーク)	廃村数
59	滋賀県	東近江市	114,180	388.4	294.0	24.5	山　(H.17)	3
60	滋賀県	多賀町	7,355	135.8	54.2	△ 21.6	下降 (S.50)	3
61	京都府	京都市	1,475,183	827.8	1782.0	0.4	山谷 (S.60)	1
62	京都府	京丹後市	55,054	501.4	109.8	△ 26.1	下降 (S.50)	3
63	奈良県	野迫川村	449	154.9	2.9	△ 65.1	下降 (S.50)	1
64	奈良県	上北山村	512	274.2	1.9	△ 65.0	下降 (S.50)	2
65	大阪府	大阪市	2,691,185	225.2	11949.7	△ 3.2	谷　(S.50)	1
66	和歌山県	田辺市	74,770	1,026.9	72.8	△ 13.9	山　(S.60)	2
67	兵庫県	豊岡市	82,250	697.6	117.9	△ 14.0	山　(S.55)	1
68	兵庫県	香美町	18,070	368.8	49.0	△ 34.5	下降 (S.50)	3

表 13-3　全国市町村の人口統計（中国・四国・九州・沖縄・番外）

《中国》

市町村名			人口［人］(H.27)	面　積［km²］	人口密度［人/km²］	増減率［%］(H.27/S.50)	人口グラフの形（国調のピーク）	廃村数
69	鳥取県	鳥取市	193,717	765.3	253.1	10.0	山　(H.17)	2
70	岡山県	倉敷市	477,118	355.6	1341.6	14.2	上昇(H.27)	3
71	岡山県	鏡野町	12,847	419.7	30.6	△ 26.1	山　(S.55)	1
72	島根県	安来市	39,528	420.9	93.9	△ 19.0	山　(S.60)	1
73	島根県	益田市	47,718	733.2	65.1	△ 17.3	山　(S.60)	9
74	広島県	福山市	464,811	518.1	897.1	14.6	上昇(H.27)	2
75	山口県	岩国市	136,757	873.7	156.5	△ 15.1	山　(S.55)	5
76	山口県	山口市	197,422	1,023.2	192.9	20.0	山谷(H.17)	2

《四国》

77	香川県	小豆島町	14,862	95.6	155.5	△ 34.0	下降(S.50)	1
78•79	徳島県	美馬市	30,501	367.1	83.1	△ 28.4	下降(S.50)	3
80	徳島県	三好市	26,836	721.4	37.2	△ 46.5	下降(S.50)	3
81•82	愛媛県	西条市	108,174	510.0	212.1	△ 2.1	山　(S.60)	6
83	愛媛県	今治市	158,114	419.1	377.2	△ 19.7	山　(S.55)	4
84	高知県	安芸市	17,577	317.2	55.4	△ 28.2	山　(S.55)	3
85	高知県	香美市	27,513	537.9	51.2	△ 4.4	下降(S.50)	3

《九州》

86	福岡県	大牟田市	117,360	81.5	1440.9	△ 29.3	下降(S.50)	1
87	佐賀県	唐津市	122,785	487.6	251.8	△ 11.4	山　(S.55)	1
88	長崎県	長崎市	429,508	405.9	1058.3	△ 15.1	下降(S.50)	1
89	長崎県	大村市	92,757	126.6	732.6	52.3	上昇(H.27)	1
90	長崎県	小値賀町	2,560	25.5	100.3	△ 59.8	下降(S.50)	3
91	大分県	豊後大野市	36,584	603.1	60.7	△ 31.6	下降(S.50)	1
92	大分県	佐伯市	72,211	903.1	80.0	△ 25.0	山　(S.55)	4
93	熊本県	山都町	15,149	544.7	27.8	△ 44.8	下降(S.50)	1
94•95	宮崎県	西都市	30,683	438.8	69.9	△ 17.2	山　(S.60)	8
96	宮崎県	えびの市	19,538	282.9	69.1	△ 28.3	山　(S.60)	3
97	鹿児島県	鹿児島市	599,814	547.6	1095.5	20.7	山　(H.22)	1
98	鹿児島県	湧水町	10,327	144.3	71.6	△ 28.7	下降(S.50)	2

《沖縄・番外》

99	沖縄県	伊是名村	1,517	15.4	98.4	△ 33.6	下降(S.50)	1
100	沖縄県	竹富町	3,998	334.4	12.0	15.2	谷山(H.17)	3
番外	山形県	上山市	31,569	240.9	131.0	△ 16.6	山　(S.60)	5

番外

蔵王鉱山（ざおうこうざん）

山形県上山市蔵王字蔵王山
戸数　１８５戸（昭和34）
移転年　昭和38年（１９６３年）
鉱山閉山のため移転【鉱山集落】

蔵王鉱山は、最上川水系蔵王川上流域にあり、学校跡の標高は７３４ｍ、上山（かみのやま）市街から13㎞（クルマで26分）。鉱山の主要鉱物は硫黄で、最盛期（昭和27）には従業員６００人超の規模があった。近隣には現住の戦後開拓集落 蔵王開拓がある。

蔵王鉱山には「学校跡に鉱山歴史資料館が建設される」と知ったことをきっかけに出かけた。中川第二小学校はへき地等級２級、児童数１６２名（昭和34）、昭和21年開校、同43年閉校。ＪＲかみのやま温泉駅でクルマを借り、まず猿倉地区へ向かうと、目印のエコー山荘の対面にある学校跡は簡単に見つかった。資料館の中は空だったが、外は形になっていた。

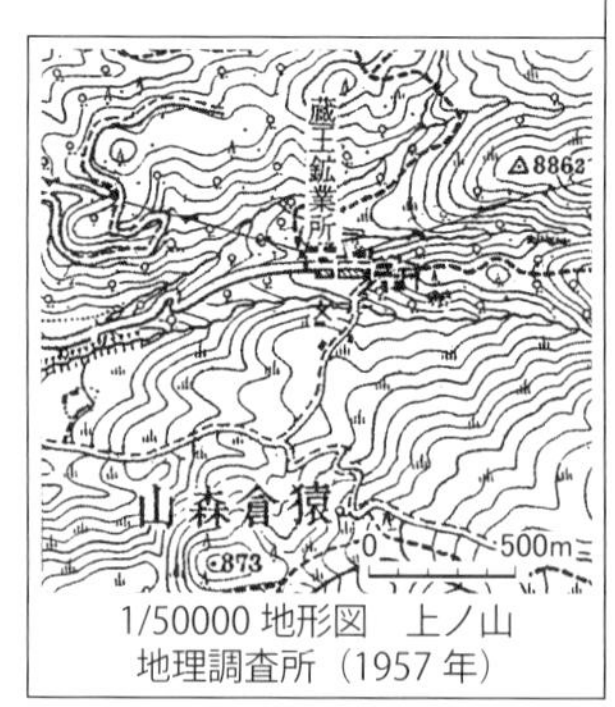

1/50000 地形図　上ノ山
地理調査所（1957 年）

令和元年の現況

- 記念碑　発見（神社内の銘板）
- 学校跡　発見（鉱山記念館建設中）
- 神社　発見（山神社）
- 祠・地蔵等　発見
- 寺・墓地等　発見できず
- 家屋　発見（山荘、レストハウス）
- 道路状況　舗装
- 電線　あり
- 田畑　無し

＊交通手段　レンタカー［単独］

猿倉に続いては、精練地区にある山神社を目指した。神社は平成8年に再建され、毎年5月15日に祭礼が行われているという。目印の赤い鳥居は、蔵王ライン沿い、広場の駐車場そばに見つかった。神社には再建時に係わった方々の名前が刻まれた銘板があって、奥に社殿が鎮座していた。かつての精錬所跡は、大きなイベント広場になっていた。

【令和元年9月14日（土）訪問】

猿倉地区・小学校跡に資料館が建った

精練地区・山神社が再建された

精錬所跡にイベント広場が広がる

集落の記憶　山形県上山市蔵王鉱山

◆蔵王観光の原点は鉱山にある

川口　兼次さん

昭和６年、神奈川県横須賀市生まれ。蔵王鉱山に勤務。閉山後、蔵王猿倉スキー場を興す。「蔵王鉱山の歴史を語り継ぐ会」理事長。

蔵王鉱山は、藤山愛一郎が率いる藤山コンツェルンの硫黄鉱山で、戦後の化繊業界、化学肥料業界の活況とともに栄えた。鉱山は、小学校と寮がある猿倉地区、山神社と精錬所がある精練地区、採鉱所がある元山地区からなった。私は昭和24年に蔵王鉱山に就職し、元山で採鉱業務をしながら、労働組合で尽力した。鉱山の仕事はきつかったが、働く仲間の連帯は強く、やりがいがあった。

しかし、採鉱所で起こった坑内火災のため、鉱山は昭和38年3月に閉山に追い込まれてしまった。仲間が全国に散らばっていく中、私達は蔵王に踏みとどまり、資産を引き継ぎながら観光事業に着手した。閉山の頃に開通したエコーラインは、観光事業の追い風となり、昭和52年に蔵王猿倉スキー場・レストハウスを開業した。いま、猿倉は蔵王を代表する観光地に成長した。歳をとり、仕事の第一線から離れるに連れて、鉱山のことが気になるようになった。平成8

年、山神社を修復したときは、３００人のヤマの仲間が力をあわせた。そして平成28年４月、ＮＰＯ法人「蔵王鉱山の歴史を語り継ぐ会」を設立し、小学校跡地に往時の校舎を模した歴史資料館を建設することを決めた。今の観光地としての賑わいは、かつての鉱山とつながっている。資料館が完成したら、鉱山の歴史を語り継ぐための拠点としていきたい。

【令和元年9月14日（土）取材】

索道で精錬所へ鉱石を運ぶ（昭和30年頃）*

噴水があがる秋の猿倉レストハウス

レストハウスに飾られた硫黄の原石

*『閉山五十周年記念写真集 硫黄』（蔵王鉱山）より転載

廃村探索のマナー／廃村の季節感

廃村は地域の方のものであり、探索をするにあたっては一定のマナーを守る必要がある。廃村では、管理上、防災上の理由などにより立ち入りが制限されている場合がある。「立入禁止」などの指示には従うのが大原則である。クマやマムシ、ダニ、ヒル、スズメバチなどの危険動物には要注意である。足元にも川の流れや古井戸などの危険が潜んでいる。事故が起こると、関係者にも迷惑がかかる。事故がないように細心の注意をはらうことはとても重要である。また、地域の方に迷惑をかけることがないよう、気を配る必要がある。

「立ち入り制限がない」「事故に注意する」ことを前提とした上で、筆者が廃村探索において気を配っているのは次の4点である。

①　廃村は地域の方のものであり、「見せていただく」という気持ちを大切にする。人が目の前にいない場合でも、その気持ちを具体的な形で示すことが望ましい。例えば、神社やお地蔵さんを見つけたら手を合わせるとよい。

②　クルマやバイクに乗っていると顔が見えないため、地域の方を不安にさせる可能性がある。廃村をクルマやバイクで訪ねるときは、なるべく早く降り、徒歩で探索するよう心がける。

③　廃村で地域の方と会ったときは、積極的にあいさつするよう心掛ける。このとき「学校跡を探しているのですが、どちらにあるのでしょうか」といった、明確な目的を示すと、コミュニケーションがスムーズになる。

④　「ごみを捨てない」「ものを持ち出さない」などの基本的なマナーを守る。

同じ廃村へ出かけたとしても、訪ねた季節によって印象は大きく異なることがある。ありのままの自然があふれる廃村では、ありのままの季節感を味わうことができる。

筆者にとって、廃村探索のベストシーズンは4月から5月にかけてである。春の花が咲いており、雑草の 茂みは薄い。日差しは長く、暑くも寒くもない。ただ、積雪地では残雪で行動を阻まれる可能性があるので、注意を要する。逆に6月から7月にかけては、不向きな季節である。梅雨で蒸し暑く、茂みが濃くなっている。ハムシやダニも増え、マムシ、ヒルの動きも活発である。真夏は暑さとの戦いになるが、木影や夕立の後に感じる涼しさは悪くない。10月から11月にかけては、日は短いが紅葉や黄葉が輝く風景はとても美しい。筆者が住む首都圏の日常とは大きく異なる真冬の雪国へ出かけるのもよいものである。

廃村にはさまざまな姿があり、その魅力を言い表すのは難しいが、あえて一言を選ぶとすれば、「訪ねたときのおどろき」ではないかと考えている。

あとがき　―令和の世を迎えて―

平成28年10月、『秋田・廃村の記録』が完成してから、「次はどのようなものをまとめようか」と考えていた。その中で、佐藤晃之輔先生から「別の県で、同じようにひと通りの廃村を取りあげるとよいのではないか」という声をちょうだいした。しばらくして、「『村の記憶』という県単位の廃村の記録が出版されている富山県ならば、可能かもしれない」と思った。ちょうどその頃、富山県42ヵ所の廃校廃村については、全箇所訪問できるメドが着いていた。こうして富山県の廃校廃村を網羅する『富山・廃村の記録』という出版企画が立ち上がり、平成30年８月、『村の記憶』の版元 桂書房を訪ねて相談したところ、代表の勝山敏一（としいち）様から「あなたの履歴を考えたら、全国を網羅したものを作ったほうがよい」という返事をいただいた。このとき、「日本廃村百選のアイデアを、そのまま秋田で出版企画にしよう」と決めた。富山市からの急な電話に、秋田文化出版の渡辺修さん（編集担当）はさぞかし驚かれたことだろう。

「日本廃村百選で取り上げる廃校廃村」は、３週間後には固まった（その後、９ヵ所を差し替えた）。平成30年９月から令和元年11月までは、より活発に全国へと旅をした。その結果、１年３ヵ月の間で掲載した百ヵ所のうち33ヵ所を再訪することができた（再訪ありは、百ヵ所のうち60ヵ所）。初訪廃村の訪問時期は、平成31年２月までとした（番外は令和元年９月）。

令和の世を迎えて、日本はどんな国になっていくのだろうか。昭和を知る人がいなくなり、平成生まれが台頭し、人口減を加速しながら、外国人の流入も加速して、令和という世が作られいくことなのだろう。また、本書に取り上げられた廃村の多くは、産業構造が変化した高度経済成長期後期に生じている。平成に生じた廃村も、多くはこの流れの延長線にある。廃村という現象を客観的にとらえるためには、人の一生分くらいの時間の物差しが必要に思える。

歴史は連続しているので、過去のことは未来につながっていくに違いない。これまで数多くの廃村を訪ねて、筆者なりに考えた令和の世の廃村の在り方を、廃村への移行期と廃村になった後に分けて、以下まとめる。

「いよいよ存続が危うい」と感じられる集落の住民の方々には、余力があるうちの集落移転を選択肢に入れることを提案したい。それは最善の選択肢ではないかもしれないが、選択肢に加えて考えることで新たな展開が見えてくるはずだ。ただ衰えていく姿を見守ることは、少なくても最善ではない。住まなくなったとしても、田畑の耕作を続ける、祭りを継続する、同郷会を結成する、記念碑を建てて往時を偲ぶことができるようにするなど、取組みはいろいろ考えられる。いずれにしても住民の方々のコミュニティーが円滑なことが重要である。

「集落の跡地」はどうあるべきなのか。一般論ではあるが、荒涼としているよりも整った姿、何も痕跡が残らないよりも往時の姿を偲べるほうがよいはずだ。筆者は「さまざまな廃村の姿を多くの方々に知ってほしい」と思い、本書を制作した。廃村を取り上げた本、廃村を活用したイベント、廃村を訪ねるツアーなどが、もっとあってもよい。本やイベントなどの実現においては、歴史を踏まえること、元住民の方々との関係を考慮することが肝要である。

集落移転や集落跡地の活用を考えるにおいては、行政やNPO法人などの役割も欠かせない。人口減の時代、従来のような地域活性化には限界がある。「そのほとんどは不便だが、豊かな自然があって、大切なものが見えてくることがある」、廃村は多くの可能性を秘めている。

平成31年1月、NHK福井放送局のディレクター丸山健司さんから、「無住集落（廃村）を取り上げた番組の制作に協力してほしい」という連絡をいただいた。福井県小浜市上根来を主とし、3月と令和元年5月に放映されたこの番組の内容、サブタイトル「住まなくなっても守りたい」は、全国各地の廃村に携わる方々に共通し、誰もが共感できる普遍的な想いだった。この想いをできる限り掘り下げることを、筆者の当面の課題のひとつとしたい。

廃村の記録の積重ね、廃村に関する基礎的な研究・調査が、人口減時代の将来やムラづくりを考える上で、何かしらの力になれば、それは望外の喜びである。

多くの方々のお力添えを得ることで、本書を刊行することができました。この場をお借りして深くお礼を申し上げます。

参考文献・出典資料

・『平成27年度 過疎地域等条件不利地域における集落の現況把握調査報告書』、国土交通省、総務省
・『へき地学校名簿』、教育設備助成会（1961年）
・『全国学校総覧』、東京教育研究所／原書房（1959―2019年）
・『五万分の一、二万五千分の一地形図』、地理調査所／国土地理院（1914―2019年）
・『ゼンリン住宅地図』、善隣出版社／ゼンリン（1970―2019年）
・『角川日本地名大辞典』、角川書店（1978―1990年）
・「集落移転再編」、山本正一、国士舘大学文学部人文学会紀要（1978年）
・「白鷹山系と朝日山系の廃村化過程と移住域の変化」、本間惣太郎、地域社会研究（1984年）
・『平成27年／平成22年／昭和50年 国勢調査結果』、総務省統計局
・「地理院地図」Web、国土地理院、https://maps.gsi.go.jp/
・『郵便区全図』、郵政弘済会／郵政省（1949―1977年）
・『電信電話綜合地図』、各地方電気通信局（1949―1966年）
・『SHIMADAS』、日本離島センター（2004年）
・「ダム便覧」Web、日本ダム協会、http://damnet.or.jp/Dambinran/binran/TopIndex.html
・「都道府県市区町村」Web、M.Higashide：http://uub.jp/
・「村影弥太郎の集落紀行」Web、村影弥太郎、http://www.aikis.or.jp/~kage-kan/

- 「学舎の風景」Ｗｅｂ、piro：http://haikouinspect.web.fc2.com/
- 『村が消えた むつ小川原 農民と国家』、本田靖春著、講談社（１９８５年）
- 『秋田・消えた村の記録』、佐藤晃之輔著、無明舎出版（１９９７年）
- 『秋田・消えた開拓村の記録』、佐藤晃之輔著、無明舎出版（２００５年）
- 「鹿島開発のあゆみ」Ｗｅｂ、茨城県神栖市、http://www.city.kamisu.ibaraki.jp/1561.htm
- 『村松町史 通史編下巻』、村松町教育委員会事務局（１９８２年）
- 『増山たづ子 徳山村写真全記録』、増山たづ子著、影書房（１９９７年）
- 『ふるさと越波』、ふるさと越波作成委員会（１９９７年）
- 『村の記憶』、山村調査グループ著、桂書房（１９９５年）
- 『町誌 光谷』、光谷町町誌編集委員会編、小松市光谷会（２００１年）
- 「小松新聞」、「北國新聞」各１９７０年11月―１９８１年11月
- 『脇が畑史話』、多賀町史編纂委員会編、多賀町公民館（１９７３年）
- 「広報やすぎ 平成20年6月号」、安来市役所（２００８年）
- 『石鎚山への渇仰』、石鎚神社（２００７年）
- 『ここに学校があった』、宮崎県教職員互助会（１９９８年）
- 『わが故郷アントゥリ』、山田武男著、ひるぎ社（１９８６年）
- 『閉山五十周年記念写真集 硫黄』、蔵王鉱山（２０１２年）
- 『廃村続出の時代を生きる』、安渓遊地著、南方新社（２０１７年）
- 『撤退の農村計画』、林直樹、齋藤晋編著、学芸出版社（２０１０年）

むすびに　―政治家に読んでほしい一冊―

この度、浅原さんは『日本廃村百選』を上梓された。全く独自で20年間コツコツと日本各地の学校があった廃村1050ヵ所のうちおよそ700ヵ所に足を運び、まとめ上げてきた成果である。この継続力・集中力にはただ驚くばかりである。

この本は全国の書店に並び、多くの人たちが手にされることと察するが、私は政治家（特に国会議員）に是非読んでもらいたい書だと思う。

秋田県からは多くの小中学校が廃校になった。平成11年に463校あった学校数は、令和元年には306校になり、20年で157校が消えた。大潟村から近い地区にあったA小学校は、昭和30年代には児童数700人を超えていたが、平成27年に統合閉校した。現在、地区の児童は35人だという。なんと20分の1になったのである。一方、地区の人口は今のところ約3分の1にとどまっているが、このまま推移すると20年後には児童のように20分の1になる恐れがあるようだ。児童数は20年先の農村地域を予見しているような気がする。

この状態を放置すれば、農村地域の広範囲が崩壊し、廃村だらけになってしまう。浅原さんの書から政治家は危機を感じ取り、有効な対策を講ずる必要があると強く訴えたい。

（秋田県　佐藤晃之輔）

《著者略歴》

浅原 昭生（あさはら　あきお）

職業訓練法人日本技能教育開発センター職員

Team HEYANEKO 代表

昭和37年、大阪府生まれ。埼玉県浦和在住。

近畿大学大学院化学研究科博士前期課程修了。

中学校、高等学校教師を経て、現在に至る。

〈主な著書〉

・『廃村と過疎の風景』ＨＥＹＡＮＥＫＯ

・『廃村をゆく2』イカロス出版

・『秋田・廃村の記録』秋田文化出版（共著）

日本廃村百選

―― ムラはどうなったのか

二〇二〇年二月二〇日　初版発行

二〇二一年五月二〇日　第二版発行

定価（本体二〇〇〇円＋税）

著　者　浅原昭生

編集・発行　秋田文化出版株式会社

〒〇一〇―〇九四二

秋田市川尻大川町二―八

ＴＥＬ（〇一八）八六四―三三二二（代）

ＦＡＸ（〇一八）八六四―三三二三

＊

ISBN978-4-87022-589-3

地方・小出版流通センター扱